추천 알고리즘의 과학

AI는 어떻게 내가 보고싶은 뉴스를 보여줄까?

IT과학 이야기 #6

추천 알고리즘의 과학

AI는 어떻게 내가 보고싶은 뉴스를 보여줄까?

지은이 박규하 **1판 1쇄 발행일** 2022년 11월 4일

펴낸이 임성춘 **펴낸곳** 로드북 **편집** 홍원규 **디자인** 이호용(표지), 심용희(본문)

주소 서울시 동작구 동작대로 11길 96-5 401호

출판 등록 제 25100-2017-000015호(2011년 3월 22일) **전화** 02)874-7883 **팩스** 02)6280-6901

정가 18,000원 **ISBN** 979-11-97880-2-1 93000

이메일 chief@roadbook.co.kr **블로그** www.roadbook.co.kr

"미래를 준비하는 사람만이 미래에 살아 남고,

　나아가서 미래를 만들어갈 수도 있습니다."

목차

1부 | 추천 알고리즘을 이해하는 8가지 기본 토대

1장_ 추천 시스템의 시대

2장_ 선호도 조사

2부 | 서비스로 살펴보는 추천 알고리즘

9장_ 실시간/비실시간 추천 시스템

10장_ 넷플릭스의 추천 시스템

11장_ 유튜브의 추천 알고리즘

프롤로그

"AI는 도대체 어떻게 내가 보고 싶은 뉴스를 보여줄까요?"

다 같이 빨간 티셔츠를 입고 축구 경기를 보며 응원하던 시기는 어느덧 옛날이 되었고, 어제 본 TV 프로그램을 이야기하며 웃고 떠들던 모습은 찾아보기 어렵습니다. 기술이 빠르게 발전하면서, 우리 생활도 덩달아 빠르게 변화하고 있습니다. 변화에 익숙해지려고 하지 않아도, 우리는 우리도 모르는 사이에 이미 익숙해져 버렸습니다. 이제는 스마트폰, 태블릿 PC나 노트북 없이 카페에 앉아 커피를 마시는 사람이 신기하게 보일 정도입니다. 지하철에서 유선 이어폰을 귀에 꽂고 책을 읽는 사람은 낯설고, 무선 이어폰을 귀에 꽂고 스마트폰을 쳐다보는 사람이 당연해 보입니다.

음악을 들을 때, 딱히 듣고 싶은 음악이 정해져 있지 않다면 다음에 재생될 음악에는 크게 신경쓰지 않습니다. 아마 다음 곡도 내가 좋아하는 음악일 겁니다. 스마트폰으로 유튜브에 접속할 때, 딱히 찾아서 보고 싶은 동영상이 없다면 화면에 나타난 동영상을 무심코 시청합니다. 아마 이 동영상도 내가 좋아하는 동영상과 비슷할 겁니다. 우리의 일상에는 우리도 모르는 사이에 AIArtificial Intelligence(인공지능) 기술이 녹아들었습니다. 아이들은 학습지 대신 AI와 공부하고, 토익을 준비하기 위해 책을 펼치던 어른들은 AI가 준비한 문제를 풀어봅니다. AI와 직접 소통하지 않더라도 쇼핑몰에서 상품을 선택할 때나 뉴스 기사를 접할 때조차 AI가 준비한 목록을 살펴봅니다. AI가 준비한 목록이 내가 원하는 것으로 차있는 걸 알아차렸을 때에는 묘한 위화감이 듭니다. AI는 도대체 어떻게 내가 보고 싶은 뉴스를 보여줄까요?

완벽에 가까운 뉴스 기사 목록을 만나면, 누군가가 내 일거수일투족을 감시하는 것처럼 느껴질지도 모릅니다. 특히 AI가 세상을 지배하는 영화를 보고 난 직후에는 더 그렇습니다. 사용하는 대부분의 서비스에는 AI가 있고, 이 AI가 나를 위해 동작한다는 걸 알게 되었습니다. 아주 사소한 이 사실을 알게 된 이후에는 더 이상 위화감이 들지 않았습니다. 오히려 조금은 부족한 이 AI를 어떻게 잘 활용할 수 있을지 궁금했습니다. 유튜브에 처음 가입했을 때를 돌이켜보면, 내 스마트폰 화면에는 내가 관심을 가지지 않을 법한 동영상이, 관심을 가질법한 동영상보다 많았습니다. 쿠팡에 처음 가입했을 때는, 다른 제품을 더 알아보라는 화면이 나타나지도 않았습니다. 유튜브나 쿠팡의 AI는 내 선택에 따라 점점 내게 딱 맞는 비서로 발전했습니다.

이 책은 AI가 가장 많이 활용되는 분야인 '추천 시스템'을 다룹니다. 그러나 다른 기술 서적처럼 수학이나 공학 지식 같이 어려운 내용은 없습니다. 이해하기 어려운 부분은 빼고, 실사용 예시를 더했습니다. 서비스마다 추천 시스템이 발전한 방식이 조금씩 달라서, 그 배경부터 천천히 설명합니다. 최대한 쉽게 이해할 수 있도록 노력했지만 글로 설명해야 하다 보니, 말투가 잘 녹아들지 않아 아쉬움이 남습니다. 그래도 추천 시스템이 어떤 원리로 동작하는지, 우리에게는 어떻게 보이는지 살펴보면서 쉽게 설명하려고 노력했습니다.

AI는 내가 선택한 결과를 바탕으로 내 취향에 맞추어 상품이나 콘텐츠를 추천합니다. 그러다 보니 항상 내가 원하는 결과만을 추천하지는 않습니다. 이런 점에서 AI는 아직 '조금 부족하지만 착한 친구'에 가깝습니다. 추천 시스템을 이해하고 관련 서비스를 이용한다면, 조금 부족하지만 착한 친구인 AI가 상품이나 콘텐츠를 더 똑똑하게 추천할 수 있게 유도할 수 있습니다. 온라인 광고에 적용된 추천 시스템을 이해하면 보다 적은 비용으로 더 많은 효과를 누릴 수 있습니다. SNS에 적용된 추천 시스템을 이해하고 사용하면, 효율적인 방법으로 팔로워를 늘릴 수도 있습니다.

이 책은 광고나 SNS, 유튜브나 넷플릭스, 쿠팡이나 카카오 같은 각종 서비스의 추천 시스템을 활용하고 싶은 사람에게 도움이 될 겁니다. 추천 시스템을 활용하려고 고민하는 사람에게는 각 분야의 대표적인 서비스의 실례를 제공할 것이고, 추천 시스템을 적용하려고 고민하는 사람에게는 추천 시스템의 기초를 접하는 입문서의 역할을 대신할 수 있을 겁니다. 마지막으로 추천 시스템을 활용해 여러분이 원하는 바를 이루는 데에 조금이나마 도움이 되었으면 좋겠습니다.

2022년 11월

박규하

1부 | 추천 알고리즘을 이해하는 8가지 기본 토대

추천 알고리즘의 과학

1장
추천 시스템의 시대

우리는 아주 빠르게 변화하는 시대에 살고 있습니다

우리는 그 어느 때보다 빠르게 변화하는 시대에 살고 있습니다. 인터넷이 발달하는 시기에는 인터넷에서 정보를 검색하는 능력이 각광받았습니다. 인터넷에는 누군가가 올려 둔 자료로 넘쳐나고, 내가 찾는 자료가 그중에서 어떤 자료인지 판단하는 능력이 필요해졌습니다. SNS의 발전은 개인이 가진 생각과 다양한 정보를 더 쉽게 공유할 수 있게 만들었고, 온라인 쇼핑몰의 눈부신 발전은 어젯밤에 주문한 식재료를 오늘 아침에 받아볼 수 있게 해 줍니다. 한 번도 가본 적이 없는 도시를 방문할 때에도 스마트폰 하나면 손쉽게 길을 찾아갈 수 있습니다. 아주 빠르게 변화하는 이 시대를 보다 정확히 인지하기 위해서는 나보다 나를 더 잘 아는 컴퓨터 프로그램, '추천 시스템'을 이해할 필요가 있습니다.

우리는 지금 추천 시스템 속에서 살고 있습니다

인터넷이 등장하고, 인터넷이 정보의 바다라고 불린 지 어느덧 20여 년이 흘렀습니다. 넘쳐나는 정보의 틈바구니에서 원하는 정보를 찾는 일은 시간이 갈수록 더 어려워지고 있습니다. 시간이 지남에 따라 컴퓨터로 할 수 있는 일도 빠르게 변화했습니다. 20년 전에는 웹 서핑과 게임을 했고, 10년 전에는 컴퓨터가 학습을 시작했습니다. 동시에 여러 대의 일반 사양 컴퓨터로 한 대의 고성능 컴퓨터를 능가할 수 있는 기술이 생겼습니다. 그리고 오늘날의 우리 생활 곳곳에는 AI가 우리의 일상을 도와주고 있습니다.

대부분의 AI는 데이터를 분석하고, 분석한 결과로 미래를 예측하는 일을 하고 있습니다. 광고를 집행하려고 한다면 준비한 광고 중에서 어떤 광고가 가장 효과가 좋을지 예측할 수 있고, 영화를 준비하는 중이라면 이 영화의 예상 관객수를 계산할 수 있습니다. 미래를 예측하는 일은 결국, 과거의 데이터를 보다 상세하게 분석하여 미래의 가치로 재조립하는 일입니다. 그리고 예측이라는 작업은 가장 가능성이 높은 결과를 추천하는 일입니다.

우리는 우리도 모르는 사이에 AI가 추천해 준 목록에서 음악이나 동영상을 선택하고 소비합니다. 쇼핑을 할 때에도 마찬가지로, AI가 순서를 정한 상품을 보고 구매를 결정합니다. 이 모든 게 가능한 이유는 추천 시스템이 우리의 데이터를 기반으로, 우리가 가장 선택할 확률이 높은 음악이나 동영상, 상품을 추천하기 때문입니다. 이미 익숙해진 추천 시스템이라고 하더라도, 이해하고 사용하는 것과 그렇지 못하고 사용하는 것에는 차이가 있습니다.

SNS에서 게시물이 노출될 때 적용되는 추천 시스템의 원리를 이해하고, 이해한 내용에 약간의 노력을 기울일 수 있는 사람이라면, 누구나 인플루언서가 될 수 있습니다. 동영상 크리에이터라면 [좋아요]

버튼을 누른 사람이 내가 만든 다른 영상을 볼 확률이 높아진다는 걸 이해할 수 있고, 동영상을 자주 시청한다면 [좋아요] 버튼이 자신에게 보이는 목록에 영향을 끼친다는 걸 이해할 수 있습니다. 온라인 쇼핑몰에 판매자로 등록된 소상공인이라면, 상품이 노출되는 추천 시스템과 광고가 노출되는 추천 시스템이 다르다는 걸 이해하고 보다 효과적인 마케팅 전략을 세울 수 있습니다.

이 책에서는 다양한 예시를 통해 추천 시스템을 살펴보고, 추천 시스템을 이루는 기본 원리와 작동 원리를 설명합니다. 어려울 수 있는 수학적 접근이나 컴퓨터 지식은 최대한 배제하였고, 필요하다면 쉽게 이해할 수 있도록 풀어서 설명하는 데에 최선을 다했습니다.

"딩동." 스마트폰을 열어보니 유튜브의 알림이 있습니다. 무심코 화면을 터치했더니 공군 군악대가 기예에 가까운 엄청난 리코더 연주를 하고 있습니다. 초등학교 때 이후로 리코더를 본 적이 없어 당황스럽지만, 가만히 들어보니 신기하고 멋진 연주입니다. 공군 군악대 복장을 한 리코더 장인의 엄청난 연주가 끝나자, 비긴어게인의 클립영상이 재생됩니다. 헨리와 수현의 유쾌한 호흡과 멋진 연주를 듣다보니 어느새 집중하고 있는 내 자신을 발견합니다. 다음 영상도 분명 즐겁고 유쾌한 음악 관련 영상일 거라는 생각이 듭니다. 아니나 다를까, 다음 영상은 음악 유튜브 채널인 뮤라벨(Music Life Balance)의 영상입니다. 유튜브는 어떻게 다음 영상에서 음악과 관련된 동영상을 재생할 수 있었을까요? 지금 내 화면에서 재생 중인 영상이 '음악과 관련이 있는 영상'이라고 판단한 근거는 무엇일까요? 단순히 유튜브 크리에이터가 동영상을 업로드하면서 카테고리나 태그를 '음악'으로 정해놓은 거라면, 어떻게 무수한 영상 중에서 딱 이 영상을 추천할 수 있을까요? 어떤 것을 근거로 추천한 영상이 내가 즐길 수 있는 영상이라고 판단할까요?

"딩동." 이번에는 유튜브 뮤직의 알림입니다. [좋아요] 버튼을 눌러 뒀던 가수의 신곡이 나왔다고 합니다. 알림 창을 터치하여 신곡을 감상하고 [좋아요]를 누릅니다. 유튜브 뮤직 앱에서 제공하는 노래에 [좋아요]를 누르면, 언제든지 나만의 믹스에서 들을 수 있습니다. 나만의 믹스는 내가 [좋아요]를 누른 곡, 그리고 그 곡과 비슷한 운율의 곡을 플레이리스트로 제공합니다. 출퇴근길에 유튜브 뮤직에서 나만의 믹스를 재생하고 음악에 빠져 있다 보면, 몰랐던 명곡을 발견하기도 합니다. 이런 노래는 나중에 또 듣기 위해 [좋아요]를 누릅니다. 유튜브 뮤직은 [좋아요]와 [싫어요]만 가지고 내 취향에 맞는 음악을 추천해줍니다. 무수히 많은 음악이 있을 텐데, 유튜브 뮤직은 어떻게 두 가지 선택지만으로 이런 일을 가능하게 하는 걸까요?

추천 알고리즘은 유튜브와 유튜브 뮤직에 국한된 이야기가 아닙니다. 카카오에서 읽는 뉴스조차 추천 알고리즘에 의해 기사를 추천합니다. 카카오는 2015년 6월, 개개인에 맞춤 뉴스를 추천하는 루빅스

Rubics 알고리즘을 적용했습니다. 2017년 3월, 카카오가 공개한 루빅스 알고리즘을 살펴보면서 추천 시스템이 우리의 일상을 어떻게 바꿔놓았는지 알아봅니다.

루빅스 알고리즘을 적용하기 이전의 다음카카오의 뉴스는, 클러스터링(군집화) 기술의 도움으로 같은 키워드별로 기사를 묶어 관리했습니다. 클러스터링 기술로 하나의 그룹이 된 기사를 편집자(editor)가 분석한 뒤, 편집원칙에 따라 카테고리별로 기사를 직접 배치했습니다. 그런데 시간이 지날수록, 업데이트되는 기사가 더 이상 사람이 관리하기 힘든 수준까지 늘어났습니다. 그뿐만 아니라 스마트폰의 보급으로 모바일 소셜 시대에 접어들면서, 이용자들이 자기 주도적인 정보 소비를 하고 있는 시대적 배경도 크게 영향을 끼쳤습니다. 이런 시대적 배경과 카카오의 고민으로 '실시간 이용자 반응형 콘텐츠 추천 시스템(Real-time User Behavior Interactive Content Recommender System)'인 루빅스 추천 시스템이 탄생했습니다.

초기의 루빅스 추천 시스템 개발진이 가장 고민했던 문제는, 사용자 정보가 없는 상태에서 효율적인 추천 시스템을 구축하는 일이었습니다. 대표적인 개인 맞춤 추천 방법인 '협업 필터링'이나 '콘텐츠 기반 필터링'만으로는 수많은 뉴스 풀에서 개인화된 뉴스를 추천하기 어렵습니다. 루빅스 개발진이 대안으로 선택한 알고리즘은 맵MAB, Multi Armed Bandit 알고리즘입니다. 다음카카오가 뉴스에 맵 알고리즘을 적용하기 위해서는, 서비스 이용자들이 소비할 가능성이 높은 기사가 무엇인지 파악할 필요가 있습니다. 그러나 맵 알고리즘 역시 하루 3만 건이 넘어가는 모든 뉴스에 적용하기에는 어려움이 있습니다. 그래서 루빅스를 적용한 초기에도 여전히 사람이 해야 하는 일이 있었고, 편집자가 존재했습니다. 편집자는 클러스터링 기술로 그룹화된 기사 중에서 중복된 기사나 '남용(abusing)'된 기사를 제거하고, 서비스 원칙에 따라 기사를 검수한 다음 루빅스로 전달했습니다. 그 후에는 루빅스가 몇 가지 규칙에 따라 다음카카오의 첫 화면에 기사를 자동으로 배치합니다. 그 결과는 어땠을까요?

☝ 그림 1-1 루빅스를 적용한 뒤 다음 첫 화면의 주간 사용자 수 변화

다음카카오의 첫 화면에 노출되는 전체 뉴스의 양이 350% 이상 증가했고, 카테고리별로 많게는 550%까지 증가했습니다. 사용자마다 관심사가 다르니 첫 화면에 노출되는 기사의 종류가 다양해졌고, 사용자 개인의 관심사가 반영된 기사는 새로운 사용자의 유입으로 이어졌습니다.

이 결과를 비즈니스 관점에서 살펴보면, 플랫폼을 제공하는 서비스는 추천 시스템을 적용할 수밖에 없다는 결론에 도달하게 됩니다. 판매하려는 사람은 더 저렴한 가격으로 더 많은 사람에게 노출될 기회를 얻을 수 있고, 구매하려는 사람은 자신의 취향에 적합한 상품이나 콘텐츠를 접할 수 있습니다. 루빅스 알고리즘을 적용한 결과는 더 많은 기사가 더 많은 사람에게 노출될 기회를 제공했고, 더 많은 사람은 자신이 관심 있는 분야의 기사만 접할 수 있게 되었습니다. 이처럼 추천 시스템을 사업에 적용한 것만으로, 더 많은 사용자를 서비스로 유인할 수 있고, 비즈니스의 규모를 더욱 확장할 수 있는 발판으로 삼을 수 있게 됩니다. 유튜브, 넷플릭스, 페이스북처럼 거대한 글로벌 IT기업이나 네이버, 카카오 같은 국내 최대 규모의 IT기업이 아니더라도, 오늘날의 수많은 기업이 다양한 곳에 추천 알고리즘을 적용하여 더욱 다양한 방식으로 추천 시스템을 사용하고 있습니다.

인공지능과 추천 시스템은 동의어가 아닙니다

각종 SFScience Fiction 영화를 통해 단련된 우리에게 인공지능 AI Artificial Intellegence라는 단어는, 사람처럼 생각하는 로봇을 떠올리게 합니다. 그러나 인공지능의 시대라 불리는 오늘날, 주변에서 많이 보이는 AI는 로봇이 아니라 소프트웨어인 경우가 대부분입니다. 그리고 인공지능을 사람처럼 '생각하는' 프로그램이라고 생각하기 쉬운데, 인공지능은 사람처럼 '행동하는' 프로그램을 말합니다. 이 차이를 보다 명확히 이해하기 위해, 예를 하나 들어 보겠습니다.

어떤 방에 세상의 모든 지식이 담겨있는 백과사전과 백과사전을 읽고 답을 작성할 수 있는 한 명의 사람, 그리고 세상의 모든 지식에 대답할 수 있는 컴퓨터가 있습니다.

이 방의 문 아래 틈새에는 종이 한 장이 간신히 통과하는 공간이 있습니다. 우리는 방 문 아래에 있는 틈새를 이용해 무엇이든 질문할 수 있습니다. 질문을 종이에 적어 방 문의 틈새에 밀어 넣으면, 시간이 조금 지난 뒤에 질문에 대한 정확한 답을 얻을 수 있습니다. 이 방에서 정답을 돌려주는 것은 백과사전에서 정답을 알아낸 사람일까요, 아니면 세상의 모든 지식에 대답할 수 있는 컴퓨터일까요? 이 방의 바깥에 있는 사람은 그 방 안에 사람과 컴퓨터가 있다는 사실 자체는 알 수 있지만, 질문에 대한 답을 내어주는 것이 사람인지 컴퓨터인지 구분할

⬆ 그림 1-2 한 명의 사람과 백과사전, 그리고 컴퓨터만 존재하는 답변의 방

수 없습니다. 바깥의 사람에게, 방 안에 사람과 백과사전만 있다고 알려준다면 방 안에서 결과를 알려주는 게 사람이라고 생각할 수밖에 없습니다. 반대로 방 안에는 컴퓨터만 있다고 알려준다면, 방 안에서 결과를 알려주는 게 컴퓨터라고 생각할 겁니다.

'답변의 방'에 질문을 하는 사람은 안에서 답을 구해주는 것이 사람인지 컴퓨터인지 중요하지 않습니다. 그리고 질문을 한 사람에게는 전달받은 답변이 사람이 전달한 답변인지 컴퓨터가 전달한 답변인지 알 수도 없고, 알 필요도 없습니다. 컴퓨터와 사람이 정확히 동일한 행동을 하고 있기 때문입니다. 이처럼 사람의 행동이나 능력을 모방하여 행동하는 프로그램을 'AI(인공지능)'이라고 합니다.

요즘은 흔하게 접할 수 있는 '딥러닝Deep Learning'이나 '머신러닝 Machine Learning'이라는 용어는 인간의 학습능력을 컴퓨터가 따라 할 수 있도록 구현한 프로그램입니다. 그리고 오늘날의 추천 시스템을 서비스에 적용하기 위해서는 머신러닝을 적용해야 합니다. 명확히 구분해야 하는 부분이지만, 이 책에서는 '딥러닝'이나 '머신러닝(또는 기계학습)', 그리고 '인공지능'을 비슷한 의미로 사용하려고 합니다. 다만, 인공지능은 '답변의 방' 안에 있는 사람과 비슷한 프로그램이고, 딥러닝이나 머신러닝은 이 인공지능 프로그램이 학습하는 능력을 일컫는다고 이해하면 좋겠습니다.

마찬가지로 추천 알고리즘은 그 자체로써 인공지능이 아닙니다. 인공지능은 하나의 프로그램이고, 알고리즘은 하나의 과정을 말합니다. 프로그램이 과정일 수는 없습니다. 앞서 언급한 카카오는 AI와 추천 알고리즘에 루빅스라는 이름을 사용했습니다만, 단지 글을 읽는 분들의 이해를 돕기 위해 하나의 이름으로 불렀다고 이해하는 게 좋습니다. 정확히 구분한다면, 루빅스는 추천 알고리즘입니다. 카카오는 루빅스 알고리즘을 적용한 AI로 첫 화면의 뉴스 기사를 배치한다고 이해했다면 정확합니다.

이 책에서는 AI는 추천 알고리즘을 효율적으로 다루는 프로그램이라는 의미로 사용했습니다. 또, 추천 알고리즘을 일종의 프로그램처럼 서술한 곳도 있습니다. 명확하게 구분할 수만 있다면 문맥상 이해가 쉬운 쪽으로 작성하였습니다. 예를 들어, 미국의 온라인 패션 쇼핑몰 루라라Rue La La는 특별한 세일을 진행합니다. 판도라 세일이라고 부르는 이 세일은 한정된 수량의 상품을 정해진 기간(보통 2~3일) 동안만 진행합니다. 루라라는 최초 공개 상품(신상품)에 적절한 가격을 추천하는 알고리즘을 도입해 신상품의 가격을 적정한 수준에 책정했고, 그 결과 전체 매출이 10% 증가했습니다. 루라라에서 사용한 가격을 추천하는 가격 최적화 알고리즘은, 기존의 루라라에서 판매된 신상품의 데이터를 분석하여 적용되었습니다. 따라서 이 추천 시스템은 루라라의 의사결정을 도와주는, 선택지를 추천하는 알고리즘으로 볼 수도 있습니다. 여기서 '적절한 가격을 추천하는 알고리즘을 도입해'라는 부분은 '적절한 가격을 추천하는 알고리즘을 (적용한 프로그램을) 도입해'가 정확한 표현입니다. 그러나 전하고자 하는 뜻에는 별반 차이가 없어서, 인공지능을 뜻하는 프로그램 또는 소프트웨어라는 말을 생략하였습니다.

추천 알고리즘은 딥러닝, 머신러닝, 인공지능과 같은 최신 기술과 자료구조, 알고리즘 같은 컴퓨터 과학 지식, 그리고 선형대수, 통계 등 다양한 수학 지식이 합쳐진 만큼 복잡하고 어렵고 이해하기 힘듭니다. 그리고 이 모든 기술과 지식은 더 많은 기술이나 지식과 연계되어 있어서 완벽하게 이해하기란 여간 어려운 일이 아닙니다. 그러나 필자는 이 책에서 복잡하고 어려운 내용을 최대한 적게, 그리고 쉽게 설명하려고 노력했습니다. 이공계 지식이 나오는 부분에서는 빠르게 다음 장으로 넘어가도 추천 알고리즘의 작동 원리를 이해하는 데에 부족함이 없도록 최선을 다했습니다. 그럼에도 아쉬움이 분명히 남을 테지만, 조금 더 깊은 내용을 원하는 독자분은 추천 알고리즘의 깊은 내용에 대해 스스로 찾아보길 권합니다.

몇몇 기업은 자신의 서비스에 적용한 개인 맞춤 추천 시스템과 그 알고리즘을 공개하고, 더 많은 지식인의 참여를 유도하고 있습니다. 그리고 필자는 이 기업들이 공유해준 지식에 조금의 지식을 더해 독자 여러분이 보다 쉽게 추천 시스템을 이해할 수 있도록 노력했습니다.

개인 맞춤 추천 시스템을 공개한 몇몇 서비스의 예를 들어 보겠습니다. 유튜브는 인공 신경망인 DNN_{Deep Neural Network}을 활용하여 사용자가 다음에 시청할 비디오, 그리고 사용자의 비디오 시청 시간을 예측합니다. 넷플릭스는 행렬분해(Matrix factorization) 모델을 사용하여 전형적인 KNN 알고리즘_{K-Nearest Neighbor ALgorithm}(최근점 이웃 알고리즘)보다 더욱 뛰어난 추천 알고리즘을 적용했습니다. 전 세계에 뻗어 있는 이커머스인 아마존은 협업 필터링을 이용해 사용자에게 상품을 추천합니다. 그리고 이렇게 추천한 상품은 아마존 전체 매출의 30%를 차지합니다.

　개인 맞춤 추천 시스템을 적용한 서비스는 무수히 많습니다. 그러나 그중에서 추천 시스템을 기초 수준에서 명확히 적용하고 있는 기업은 바로 아마존입니다. 그래서 아마존이 적용하고 있는 가장 기초적인 추천 시스템인 '협업 필터링'을 먼저 살펴봅니다. 이 협업 필터링은 사용자 또는 아이템을 기반으로 특정 상품이나 콘텐츠를 추천합니다. 협업 필터링을 살펴보고 나면, 하나의 콘텐츠를 구성하는 더 작은 데이터(메타데이터)로 콘텐츠를 추천하는 '콘텐츠 추천 시스템'을 살펴봅니다. 그리고 각각의 문제점을 보완한 '하이브리드 추천 시스템', 딥러닝과 머신러닝을 적용한 '모델 기반 추천 시스템'을 살펴봅니다. 이에 그치지 않고 실제 서비스에서 어떤 방식으로 추천 시스템이 사용되고 있는지 그 실례를 살펴봅니다.

　그러나 추천 시스템 그 자체를 설명하기 위해서는 반드시 먼저 알아야 할 내용이 있습니다. 그건 바로 개인 맞춤 추천 시스템에서 가장 중요한 '개인'을 특정하고, 개인의 '취향'을 파악하는 일입니다. 개인을 특정하는 일은 사용자 한 명 한 명을 뜻하기 때문에 받아들이기 쉽지만, 컴퓨터가 개인의 취향을 파악하는 일은 다소 낯설게 느껴질 수 있습니다. 그러나 우리는 유튜브 크리에이터의 말에 따라 무심코 누른 [좋아요]와 [구독] 버튼으로 컴퓨터에게 우리의 취향을 알려주고 있습니다. 또는 특별한 버튼을 클릭하지 않아도 시청한 시간을 통해 컴퓨터에게 취향을 알려주기도 합니다. 이렇게 사용자의 행동 데이터로부터 컴퓨터가 취향을 수집하는 일을 '선호도 조사'라고 합니다. 다음 장에서는 선호도 조사를 살펴보면서 우리의 행동이 어떤 결과로 이어질 수 있는지 살펴보겠습니다.

Q. 알고리즘이란 무엇인가요?

A. 컴퓨터 과학에서 말하는 알고리즘이란, "어떤 문제를 풀기 위한 일련의 절차나 방법"입니다. 보다 정확하게는 이 방법을 공식처럼 작성해둔 것입니다. 문제 풀이에 필요한 계산절차 또는 처리과정의 순서를 나타냅니다. 추천 알고리즘은 추천을 위해 필요한 일련의 과정을 나타내고, 추천 시스템은 이 알고리즘을 적용해 실제로 추천이 이뤄지게 하는 체계를 말합니다.

Q. 인공지능이란 무엇인가요?

A. 인공지능은 두 가지로 나뉩니다. 하나는 사람처럼 정해진 지시에 따라 행동하는 '약인공지능'과 컴퓨터 프로그램이라는 사실을 숨긴다면 사람과 구분할 수 없는 '강인공지능'이 있습니다. 현재 존재하는 대부분의 인공지능은 약인공지능이며, 사람의 학습능력 중 일부를 구현한 형태를 띕니다. 강인공지능은 AGI(Artificial General Intelligence, 인공 일반 지능)라고도 하는데, 영화 〈바이센테니얼 맨〉에 등장하는 앤드류처럼 사람만이 할 수 있는 일을 해낼 수 있는 인공지능을 말합니다.

Q. 카카오의 루빅스가 추천 알고리즘을 탑재한 인공지능이라고 하였는데, 그렇다면 일반인은 이러한 인공지능을 이용할 수 없나요?

A. OpenAI가 개발한 인공지능, GPT-3를 이용할 수 있습니다. 개발을 위해 제공되는 API의 형태이기 때문에 일반인이 사용할 수 있을지는 모르겠습니다. 그러나 약간의 개발지식이 있다면, 누구나 큰 어려움 없이 인공지능을 이용해볼 수 있습니다. 그리고 이렇게 발전된 형태의 AI가 아니라면, 구글에서 제공하는 OCR(이미지 인식 기술)이나, 음성 인식 기술도 하나의 AI로 볼 수 있습니다. 이미지나 음성파일을 구글로 보낸 다음, 구글이 AI 또는 머신러닝으로 이미지나 음성으로부터 문자로 변환합니다. 그리

고 이 결과를 제공하기 때문에, 사실상 사람처럼 이미지를 보고 문자를 읽거나 소리를 듣고 문자를 받아쓰는 것과 동일합니다.

Q. 우리가 추천 알고리즘의 시대에 살고 있다는 것은 잘 알았습니다. 그렇다면 마케터, 기획자, 개발자, 영업자 등의 비즈니스 구성원들이 추천 알고리즘을 알면 어떤 이점이 생길까요?

A. 이 장에서 비즈니스 관점에서 추천 알고리즘을 간략하게 언급했습니다. 마케터가 추천 알고리즘을 이해하고 있다면, 가장 효과적인 성과를 내는 마케팅을 할 수 있습니다. 기획자가 추천 알고리즘을 이해하고 있다면, 어떤 과정에 추천 알고리즘을 적용할지, 더 멋진 제품을 만들 수 있을지, 고민할 수 있습니다. 개발자가 추천 알고리즘을 이해하고 있다면, 적용하려는 분야에 따라 더 적합한 알고리즘을 선택해 추천 시스템을 구현할 수 있습니다. 영업이나 고객응대와 같이 제품을 생산하고 홍보하는 활동에 간접적인 참여를 할 수밖에 없는 분들도 있습니다. 이런 직군에 있는 분들이 추천 알고리즘을 이해하면, 자신의 회사 제품에 적용된 추천 시스템을 더 잘 이해할 수 있고 다른 사람에게 더 쉽게 설명할 수 있습니다.

Q. 추천 알고리즘은 다양한 학문이 결합된 결과물이라고 하였는데, 수학 지식을 잘 몰라도 이 책을 읽을 수 있을까요?

A. 이 책은 수학 지식을 최대한 배제하려고 노력했습니다. 그런데도 아주 약간의 수학이 남아 있긴 합니다. x, y로 이루어진 방정식을 보는 데에 어려움이 없다면 충분히 이해할 수 있는 수준의 수학일 겁니다. 추천 알고리즘을 설명할 때에는 어쩔 수 없이 행렬에 대한 내용이 자주 등장하는데, 행렬을 계산하는 일은 간단한 곱셈과 덧셈으로 이루어지므로 부담 없이 넘어갈 수 있습니다.

Q. 추천 알고리즘을 좀 더 깊게 공부하려는 학습자들에게 추천할 만한 공부 방법이 있을까요?

A. 컴퓨터 과학을 차지하는 대부분의 지식은 신기술인 경우가 많습니다. 다행히도 추천 알고리즘에 대한 연구는 아주 오래전부터 시작되었고, 최근 10여 년 동안 눈부신 성장을 이뤄냈습니다. 다시 말해 그만큼 많은 자료를 쉽게 찾아볼 수 있고, 조금만 주의를 기울이면 양질의 논문도 어렵지 않게 접할 수 있습니다. 그러므로 다양한 자료와 논문을 찾아 공부하면 도움이 될 겁니다.

Q. 직관적으로 보았을 때 추천 알고리즘은 공개가 잘 안 될 것 같습니다. 좋은 알고리즘이 돈이 될 것 같기도 하니까요. 하지만 소프트웨어는 오픈소스를 통해 서로 공유하며 발전한다고 알고 있습니다. 추천 알고리즘에 대한 정보의 공유가 폐쇄적이라면, 추천 알고리즘이 발전하는 데에 걸림돌이 되진 않을까요?

A. 추천 알고리즘이 돈이 된다는 말은 그 자체로 참이 될 수 없습니다. 결국 비즈니스는 사람이 모여야 가치를 만들어낼 수 있으니까요. 잘 만든 추천 알고리즘이라고 하더라도, 어떤 비즈니스 모델에 적용되느냐에 따라 그 가치가 달라질 수 있습니다. 그래서 비즈니스를 운영하는 입장이라면, 어떤 알고리즘을 자신의 비즈니스에 적용해야 할지보다 명확히 아는 것이 중요합니다. 그리고 추천 알고리즘에 대한 정보 자체는 공유가 잘 되고 있습니다. 그 구현 방식이나 코드가 공개되는 일은 없지만, 아이디어나 콘셉트는 확실히 공유되고 있습니다. 그러나 앞서 말한 것처럼 제공하는 서비스에 따라 효과적인 추천 알고리즘이 제각각이고, 같은 추천 알고리즘을 적용하더라도 나타나는 효과가 서비스마다 다를 수 있습니다. 그렇기 때문에 한 가지의 추천 알고리즘이라고 할지라도 서비스마다 구현하는 방식에 차이가 있어서, 추천 알고리즘 그 자체를 공유한다고 하더라도 그 자체가 돈이 되기는 어렵습니다.

2장
선호도 조사

본격적으로 추천 시스템을 살펴보기 전에, 알아야 하는 단계가 있습니다. '선호도 조사'라고 하는 이 단계에서는 사용자의 데이터를 수집합니다. 이전 장에서 살펴본 것처럼, 오늘날의 추천 시스템은 개인에게 특화된 형태로 서비스에 적용되어 있습니다. 루빅스 알고리즘이 적용된 다음카카오의 뉴스 기사 추천 시스템은, 사용자가 자주 열람한 뉴스 기사에 포함된 키워드 또는 동일한 뉴스 기사를 열람한 다른 사용자의 성향을 수집합니다. 예를 들어, 필자가 카카오뱅크의 상장 뉴스 기사를 열람했고, 다른 사용자가 이 뉴스 기사와 함께 카카오엔터테인먼트의 상장 뉴스 기사를 열람했다고 가정해보겠습니다. 필자의 선호도는 '카카오뱅크' '상장'과 관련된 내용이고, 다른 사용자는 '카카오뱅크' '상장' '카카오엔터테인먼트'와 관련된 내용을 열람한 겁니다. 루빅스 알고리즘이 필자에게 다른 뉴스 기사를 추천해야 한다면, 수많은 뉴스 중에서 카카오엔터테인먼트 상장 뉴스 기사를 추천할 수 있을까요?

답은 "그렇다"입니다. 경우에 따라 순서에는 차이가 있겠지만, 필자가 관심을 보인 카카오뱅크 상장 뉴스 기사에서 얻을 수 있는 데이터와 카카오엔터테인먼트 상장 뉴스 기사에서 얻을 수 있는 데이터, 그리고 하나의 뉴스 기사만 접한 필자와 두 뉴스 기사를 접한 다른 사용자의 데이터를 수집할 수 있습니다. 그리고 수집한 데이터를 가공하여 뉴스 기사가 서로 얼마나 관계가 있는지 분석하거나, 필자와 다른 사용자가 뉴스 기사에 보인 선호도에 따라 두 명의 사용자가 얼마나 유사한 취향을 가지고 있는지 분석할 수 있습니다. 마지막으로 분석한 결과에 따라 사용자 개개인에게 보여줄 뉴스 기사의 순서를 결정합니다. 이렇게 사용자들의 취향이나 뉴스 기사들의 유사도를 계산해 추천할 뉴스 기사를 추려낼 수 있습니다. 이런 방법의 추천 시스템을 '협업 필터링'이라고 합니다.

선호도 조사와 협업 필터링

협업 필터링이라는 추천 시스템의 종류를 살펴보기 전에, 이런 추천 시스템에서 사용하는 기본적인 데이터를 먼저 살펴보겠습니다. 기본 데이터가 필요한 이유는 사용자마다 취향이 다르고, 행동하는 순서도 사람마다 다르기 때문입니다. 이렇게 각기 다른 성향을 가진 사용자로부터 데이터를 수집하는 과정을 '선호도 조사'라고 합니다. 선호도 조사는 사용자 개개인이 서비스에서 행동한 데이터를 수집하는 것으로 이뤄집니다. 이렇게 수집한 사용자의 행동을 '사용자 행동 데이터'라고 합니다. 앞으로 사용하는 '행동 데이터'라는 용어는, '사용자 행동 데이터'를 뜻합니다.

행동 데이터는 그 범위가 다소 넓습니다. 온라인 쇼핑몰에서 제품의 상세 페이지를 클릭하거나 장바구니에 담는 행위, 사용한 제품에 별점을 매기고 평가를 남기는 행위를 모두 포함합니다. 마찬가지로 유튜브나 넷플릭스 같은 동영상 콘텐츠를 볼 수 있는 서비스에서는, 영상을 시청했거나 영상을 시청한 시간, [좋아요]나 [구독]을 눌렀는지, 검색을 통해 이동한 것인지 등 사용자가 취할 수 있는 대부분의 행동이 데이터로 수집됩니다. 유튜브나 넷플릭스는 수집된 행동 데이터를 기반으로 사용자에게 보여줄 동영상을 추천할 때 가산점을 부여합니다. 유튜브 크리에이터가 [좋아요]와 [구독]을 눌러 달라고 이야기하는 데에는 그만한 이유가 있었던 겁니다.

1장에서 살펴본 것처럼, 우리는 추천 알고리즘의 시대에 살고 있습니다. 우리 주변의 다양한 분야에서 적용되는 추천 알고리즘을 알아야 하는 이유도 함께 살펴보았습니다. 이제 수많은 추천 알고리즘이 어떤 원리로 만들어졌는지, 어떤 경우에 어떤 알고리즘을 적용하는지 가장 기초가 되는 부분부터 알아보겠습니다.

추천 알고리즘의 가장 기본이 되는 방식은 '협업 필터링'입니다. 협업 필터링은 사용자 또는 아이템 사이의 유사도를 비교해 아이템을 추천하는 방식입니다. 협업 필터링에서 사용하는 유사도를 측정할 때, 선호도 조사를 이용합니다. 예시와 함께 사용자의 취향을 기반으로 하는 협업 필터링을 살펴보겠습니다.

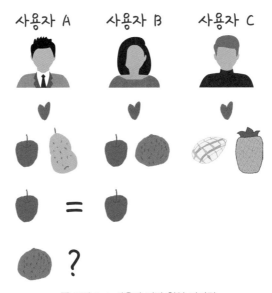

🔺 그림 2-1 사용자 기반 협업 필터링

사과와 배를 좋아하는 사용자 A와 사과와 오렌지를 좋아하는 사용자 B, 그리고 망고와 파인애플을 좋아하는 사용자 C가 있습니다. 사용자 A와 취향이 가장 유사한 다른 사용자는 누구일까요? 답은 사용자 B입니다. 아마 독자 여러분도 어렵지 않게 사용자 B를 골랐을 겁니다. 사용자 B가 좋아하는 과일에는 사용자 A가 좋아하는 '사과'가 있기 때문입니다. 반면에 사용자 C가 좋아하는 과일에는 사용자 A가 좋아하는 과일이 없습니다. 이 데이터만 가지고는 사용자 A에게, 사용자 C가 좋아하는 과일을 추천하지 않을 겁니다. 그럼 사용자 A에게는 어떤 과일을 추천하면 좋을까요?

사용자 A에게 새로운 과일을 추천한다면, 사용자 C가 좋아하는 과일인 망고나 파인애플이 아니라, 사용자 B가 좋아하는 과일인 '오렌지'를 추천할 겁니다. 아마 이 부분도 독자 여러분이라면 직관적으로 알아차렸을 겁니다. 사용자 A와 사용자 B가 동시에 좋아하는 과일이 사과니까, 서로 비슷한 취향을 가진 둘은 서로가 좋아한다고 표기한 다른 과일인 배와 오렌지를 서로 추천할 겁니다. 이렇게 사용자의 취향을 분석하여 아이템을 추천하는 방식을 '사용자 기반 협업 필터링'이라고 합니다.

과일을 분류할 때, 사용자의 취향을 기준으로 분류했으므로 사용자 기반 협업 필터링이라고 불렀습니다. 협업 필터링에서는 그 반대도 가능합니다. 과일과 같은 아이템을 기준으로 사용자를 분류하는 방식을 '아이템 기반 협업 필터링'이라고 합니다. '아이템 기반 협업 필터링'도 예시와 함께 살펴보겠습니다.

이 예시에서 아이템은 과일입니다. 사용자 A가 좋아하는 배와 가장 유사한 과일은 무엇일까요? 사과는 사용자 A와 사용자 B가 모두 좋아합니다. 배는 사용자 A만 좋아하고, 오렌지는 사용자 B만 좋아합니다. 망고와 파인애플은 사용자 C가 좋아합니다. 이 데이터로부터 유추할 수 있는, 배와 가장 비슷한 과일은, 사용자 A가 좋아하는 사과입니다. 이 부분이 조금 의아할 수 있습니다. 우리가 아는 사과와 배는 색깔부터 맛까지, 완전히 다른 과일입니다. 그러나 협업 필터링에서는

1부_추천 알고리즘을 이해하는 8가지 기본 토대

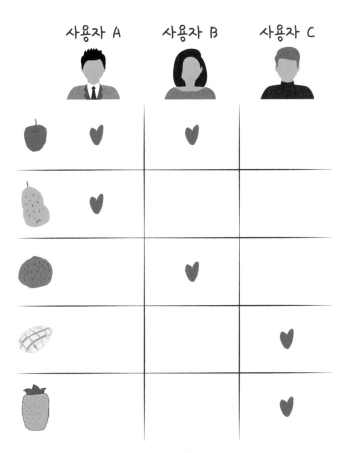

그림 2-2 아이템 기반 협업 필터링

선호도 조사를 통해 수집한 데이터만 이용할 수 있습니다. 그리고 우리가 가지고 있는 데이터는 사용자가 어떤 과일을 좋아하는지에 대한 데이터뿐입니다. 그래서 사용자 A만 좋아하는 배와 가장 유사한 다른 과일은 사용자 A가 좋아하는 사과가 됩니다.

마찬가지로 오렌지와 가장 비슷한 과일은 사용자 B가 좋아하는 사과이고, 망고와 가장 비슷한 과일은 사용자 C가 좋아하는 다른 과일, 파인애플입니다. 이렇게 아이템을 기준으로 사용자와의 관계를 분석하여 추천하는 방식을 '아이템 기반 협업 필터링'이라고 합니다.

협업 필터링을 적절히 사용하기 위해서는 사용자 사이의 취향 유사도 또는 아이템의 유사도를 계산해야 합니다. 유사도를 계산하려면 몇 가지 데이터가 더 필요합니다. 위 예시에서 보았듯이, 데이터가 부족하면 사과를 좋아한다는 이유만으로 사용자 B에게 배를 추천할 수 있기 때문입니다.

선호도 조사: 명시적 레이팅과 암묵적 피드백

유사도를 계산하기 위해서는 선호도를 조사해야 합니다. 지금 설명하는 선호도 조사를 충분히 이해한다면, 추천 시스템을 이해하는 데에 큰 도움이 됩니다.

사용자의 선호도를 조사하는 방법에는 두 가지가 있습니다. 별점이나 [좋아요] 버튼처럼 시각적으로 나타나는 점수를 뜻하는 '명시적 레이팅(Explicit Rating)'과 장바구니에 담기거나 상세 페이지 열람, 또는 시청기록과 같이 사용자가 점수라고 인지하지 못하는 기록 데이터를 뜻하는 '암묵적 피드백(Implicit Feedback)'이 그 방법입니다.

0점부터 10점까지, 구체적인 스케일로 점수를 매기는 방법인 별점은 단연코 명시적 레이팅의 대표적인 예입니다. 네이버나 카카오의 영화 페이지에서 확인할 수 있는 별점은 사람들이 남긴 점수를 종합해 표기합니다. 쿠팡이나 이베이에서 상품평과 함께 기록되는 별점 또한 사람들이 상품평과 함께 남긴 별점을 종합해 표기합니다. 하지만 별점만 믿고 상품을 주문했다가 받은 상품이 내 취향이 다른 경우가 종종 있습니다. 별점이 높고 후기가 많은 옷을 주문해서 입어보니, 구매한 옷이 내 취향과 다를 수 있습니다. 별점이 높은 영화를 예매하고 영화를 봤지만, 극장을 나오면서 '역시 별점은 믿을 게 못된다'는 생각을 할지도 모릅니다.

이렇게 명시적 레이팅은, 누군가의 평가인만큼 사용자나 작성자의 취향에 따라 점수가 천차만별입니다. 따라서 명시적 레이팅은 사용자가 직접 남기는 주관적인 데이터라고 이해해도 좋습니다.

반면에 암묵적 피드백은 겉으로 드러나지 않고, 개발한 사람의 의도에 따라 수집할 수 있는 모든 데이터입니다. 예를 들어, 박스오피스는 매일 몇 개의 영화표가 예매되었는지 카운트하여 관객의 숫자에 따라 순위를 매깁니다. 어떤 영화가 천만 관객을 동원한 영화인지 알 수 있는 건, 판매된 영화 티켓을 카운트하여 관객의 숫자를 헤아리기 때문입니다. 박스오피스가 영화 예매권을 카운트하는 경우처럼 사람들이 명시적으로 점수를 나타내진 않았지만, 판매된 영화 예매권의 숫자를 평가에 반영합니다. 이렇게 박스오피스에서 사용하는 판매된 영화 예매권의 숫자가 암묵적 피드백에 해당합니다. 쇼핑몰에서는 어떤 상품의 상세 페이지를 방문했는지, 이후 해당 상품을 카트에 담았는지와 같은 데이터를, 유튜브에서는 시청시간 같은 데이터를 암묵적 피드백으로 수집합니다.

화장품의 데이터를 수집하여 사용자에게 제공하는 어플이 있습니다. 화장품을 해석해주는 어플, 〈화해〉입니다. 〈화해〉에서 리뷰를 남기기 위해서는 앞서 설명한 명시적 레이팅과 더불어 해당 제품을 구매해서 사용해봤는지 선택하는 체크박스가 있습니다. 이 체크박스로 제품을 구매해서 사용한 사람의 리뷰인지, 단순히 질문을 남긴 글인지 구분할 수 있습니다. 그리고 이 체크박스는 다른 사용자에게 제품을 추천할 정보를 제공하는 암묵적 피드백을 위한 버튼이 될 수 있습니다.

〈화해〉에 등록된 두 개의 화장품과 그 후기를 보고, 어떤 화장품을 구매할지 마음속으로 정해본다면, 어떤 화장품을 고르겠습니까? 예를 들어 똑같이 10개의 후기가 있는 화장품 A와 화장품 B가 있다고 가정해 보겠습니다.

화장품 A는 제품을 구매하고 후기를 남긴 사람들이 10명이고, 10명의 평균점수가 4점입니다. 반면에 화장품 B는 제품을 구매하고 후기를 남긴 사람은 없고, 10명의 평균점수가 5점입니다. 만약 화장품 A와 화장품 B 중에서 하나의 제품을 구매해야 한다면, 어떤 제품을 고

⬆ 그림 2-3 화장품 A, B의 평가

르겠습니까? 필자라면 당연히 화장품 A를 선택할 겁니다. 화장품 A가 화장품 B에 비해 보이는 별점이 다소 낮지만, 리뷰를 남긴 모든 사람이 실제로 제품을 구매한 사람들이기 때문입니다. 반면에 화장품 B는 제품을 구매한 사람은 한 명도 없고, 완벽한 평점만 가지고 있습니다. 실제로 사용한 사람이 평가한 내용 없이 만점을 기록한 화장품 B를 구매하기엔, 조금 조심스러울 수밖에 없습니다.

이런 별점이 상품의 품질을 결정하는 척도라고 생각하기 쉽습니다. 그러나 막상 따져보면, 실제 후기가 아닌 별점으로 인해 우리가 원하는 정보가 가려져 있기도 합니다. 명시적 레이팅을 이해한다면 높은 별점을 만들기 위해 무분별하게 남용(어뷰징)한 제품인지, 실제로 사용한 수많은 사람이 자신의 후기를 공유하기 위해 남긴 별점인지 구분하는 데에 도움이 됩니다. 그리고 실제로 사용한 사람이 많다는 점은, 필자가 무의식 중에 암묵적 피드백의 효과를 인정한 셈입니다. 눈에 보이는 별점보다, 실사용 후기를 더 중요하게 생각한 것처럼 말입니다.

보다시피, 암묵적 피드백은 영화를 봤는지, 화장품을 구매했는지와 같은 데이터를 별점처럼 스케일scale(범위) 형태로 나타낼 수 없습니다. 대신에 열람했는지 열람하지 않았는지처럼 아주 간단한 형태의 데이터로 확인할 수 있습니다. 또, 같은 명시적 레이팅과 암묵적 피드백을 사용하더라도 적용한 알고리즘에 따라 추천하는 제품이 달라질 수 있습니다. 간단한 문제를 하나 풀어보겠습니다. 이 문제를 통해 쇼핑몰을 운영하는 입장에서, 계산식에 따라 점수가 달라질 수 있다는 사실을 확인할 수 있습니다.

쇼핑몰에서 알람 시계를 검색했을 때 노출되는 상품의 순서를 결정하려고 합니다. 이때 사용하는 암묵적 피드백은 다음을 기준으로 계산합니다.

- 상세 페이지 조회(1점): 사용자가 상품을 클릭하여 상세 페이지를 조회하면 1점을 줍니다.
- 장바구니 추가(2점): 상품을 장바구니에 넣었다면 2점을 줍니다.
- 구매(3점): 실제로 상품을 구매한다면 3점을 줍니다.

| A 10명의 평가 ★★★★★ 알람시계 A 조회: 100명 카트: 20명 | B 20명의 평가 ★★★★ 알람시계 B 조회: 100명 카트: 5명 | C 20명의 평가 ★★★ 알람시계 C 조회: 100명 카트: 10명 | D 30명의 평가 ★★★★ 알람시계 D 조회: 200명 카트: 0명 |

⬆ 그림 2-4 알람시계 A, B, C, D의 정보

1부_추천 알고리즘을 이해하는 8가지 기본 토대

- 최종 점수 = 명시적 레이팅 + 암묵적 피드백: 최종 점수는 명시적 레이팅과 암묵적 피드백의 합입니다.
- 단, 각 상품의 평가인원은 상품의 구매자 수와 같습니다.

이 기준을 참고해서, 다음의 4가지 상품의 추천 순서를 정해보겠습니다([그림 2-4] 참고).

최종 점수는 별점(명시적 레이팅)에 상세 페이지의 조회수와 장바구니 추가, 그리고 구매까지 이어진 숫자를 전부 더해서 구할 수 있습니다. 시계 A는 별점이 5점이고 페이지 조회수가 100이며, 장바구니에 담은 사람이 20명입니다. 구매자 수와 평가인원이 같으므로, 상품 A의 합산은 175점입니다. 175점은 별점(5), 구매(10×3), 장바구니 추가(20×2), 상세 페이지 조회(100)를 모두 더해 계산한 결과입니다. 마찬가지로 다른 알람 시계에 계산식을 적용하고, 높은 점수대로 나타내면 [그림 2-5]와 같습니다.

결과

🔼 그림 2-5 쇼핑몰에서 알람시계의 노출 우선순위

2장_선호도 조사

앞서 언급했듯이 별점은 별점을 남긴 사용자의 취향에 따라 점수가 천차만별입니다. 평균적으로 2점을 주는 사용자가 있는 반면에, 대부분의 점수에 5점을 주는 사용자가 있을 수 있기 때문에 별점으로만 상품을 추천하기에는 그 신뢰도가 떨어집니다.

만약 명시적 레이팅을 제외하거나, 상품을 평가한 사람의 숫자에 곱해지는 점수를 더 높게 잡으면 어떨까요? [그림 2-5]에서 나타난 순서가 전혀 다른 형태로 섞일 수 있습니다. 이렇게 각각의 암묵적 피드백에 곱해지는 점수를 '가중치'라고 합니다. 이때 곱해지는 점수를 높이려고 할 때에는 "가중치를 더한다"라고 표현하고, 곱해지는 점수를 낮추려고 할 때에는 "가중치를 뺀다"라고 표현합니다. 가중치 표현을 이용해 [그림 2-5]를 다시 정리하면, 쇼핑몰의 상황에 따라 암묵적 피드백의 개별 요소에 가중치를 조절하여 추천 순위에 변동을 줄 수 있습니다.

드라마나 영화 같은 동영상 콘텐츠를 제공하는 글로벌 서비스인 넷플릭스는 사용자마다 평균 별점에 차이가 생기는 문제를 해결하기 위해서 2017년부터 별점 시스템을 폐지했습니다. 그리고 보다 간단하고 직관적인 엄지 아이콘을 이용한 [좋아요]/[별로예요] 시스템을 도입했습니다. 엄지를 위로 치켜든 아이콘은 [좋아요]를, 엄지를 아래로 향한 아이콘은 [별로예요]를 나타냅니다. 사용자의 선택에 따라서 [좋아요], [별로예요] 또는 [아무것도 선택하지 않음] 세 가지 상태를 나타냅니다. 넷플릭스는 명시적 레이팅을 3단계로 나누어 수집하여 사용자가 콘텐츠를 좋아하는지, 그렇지 않은지 명확하게 파악할 수 있습니다. 이렇게 수집하는 데이터의 형태를 변경한 넷플릭스는 별점을 사용하던 때에 비해 보다 적절한 콘텐츠를 사용자에게 알맞게 추천할 수 있게 되었습니다.

동영상 콘텐츠를 제공하는 또 다른 서비스, 유튜브도 동영상 콘텐츠에 대한 평가를 별점이 아닌 [좋아요]/[별로예요]로 수집하고 있습니다. 사용자에게 두 가지의 선택지를 제공하여 총 세 가지 상태를 수집합니다. 이 세 가지 상태는 사용자의 취향을 별점을 수집할 때보다 명확하게 수집할 수 있습니다.

이 장에서 다룬 명시적 레이팅과 암묵적 피드백은 협업 필터링에 적용하는 선호도 조사 방법입니다. 다음 장에서 다룰 추천 시스템인 '협업 필터링'은 우리가 일상에서 가장 많이 겪는 추천 방식 중 하나입니다. 협업 필터링은 아마존이나 쿠팡 같은 온라인 소셜 커머스에서 적용하고 있는 추천 시스템입니다. 아마존의 협업 필터링은 아마존 서비스를 이용하는 사용자나 사용자가 구매하는 상품(또는 아이템) 사이의 유사도를 측정해 상품을 추천합니다. 사용자가 높은 별점을 준 상품과 비슷한 상품을 사용자에게 추천하는 것이 아니라, 아마존 사이트에서의 활동내역과 브라우저에 쌓여 있는 검색기록 등으로 가중치를 변경하여 사용자의 관심을 끌 수 있는 상품을 추천합니다. 다음 장에서는 아마존에서 적용하고 있는 추천 시스템으로 유명한, 협업 필터링을 더 자세히 다루겠습니다.

Q. 협업 필터링이 무엇인지, 유사도 평가를 위한 명시적 레이팅과 암묵적 피드백의 개념도 잘 알겠습니다. 그렇다면 새로운 추천 알고리즘은 대부분 이러한 개념을 기초로 만드는 건가요?

A. 현존하는 모든 개인 맞춤 추천 시스템은 선호도를 조사한 데이터를 바탕으로 구현됩니다. 따라서 새로운 추천 알고리즘도 이런 개념을 기초로 만들어질 수밖에 없습니다. 그러나 만약 이전과는 전혀 다른, 새로운 형태의 시장이 나타나 기존 추천 시스템을 적용할 수 없는 경우가 있을 수 있습니다. 이런 경우는 사용자의 과거 행동 데이터가 현재의 의사결정에 도움이 되지 않는 경우입니다. 예를 들어 내비게이션의 경로 추천 알고리즘에서는, 사용자가 이전에 지나온 경로를 신경 쓸 필요가 없습니다. 두 명의 사용자가 서울에서 출발하여 부산에 도착하려고 합니다. 서울에서 출발했지만 양양을 거쳐 대전역에 도착한 사용자 A와 동일하게 서울에서 출발했고 현재 대전의 한 휴게소에서 쉬고 있는 사용자 B가 각각 현재의 위치에서 부산으로 출발한다고 상상하면 이해하는 데 도움이 됩니다. 사용자 A나 사용자 B 모두 대전에 있으므로, 부산까지 가는 경로를 나타내는 내비게이션이 서울에서부터 출발하는 경로를 알려주진 않을 겁니다.

이렇게 새로운 형태의 추천 알고리즘은 기존의 추천 알고리즘에서 사용한 데이터가 필요 없는 경우를 만들어내기도 합니다. 그러나 새로운 추천 알고리즘에 과거 행동 데이터를 추가한다면, 추천 시스템을 강화할 수도 있습니다. 내비게이션이 경로를 추천할 때, 무료 도로로 구성된 경로나 빠른 시간에 도착하는 경로, 적절한 비용과 적절히 빠른 시간을 안내하는 경로로 나눠서 추천하는 이유가 여기에 있습니다. 사용자가 무료 도로를 우선하는 성향이 강하다면 무료 도로로 구성된 경로를, 사용자가 가장 빠른 경로를 우선하는 성향이라면 빠른 시간에 도착하는 경로를 추천하는 식으로 내비게이션의 추천 정확도를 강화할 수 있습니다.

Q. 추천 알고리즘이 기업과 같은 서비스의 주체와 대상(소비자)을 모두 만족시키기 위해서는 상당히 정교해야 할 것 같은데요. 이러한 추천 알고리즘도 고객의 반응에 따라 조금씩 알고리즘을 수정해 나가나요? 예를 들어 넷플릭스가 별점 시스템의 문제를 파악하고, [좋아요]/[별로예요] 시스템을 도입한 부분도 알고리즘의 전략적 수정의 예로 볼 수 있을까요?

A. 네, 맞습니다. 성능을 개선하기 위해 지금도 수많은 기업이 힘쓰고 있습니다. 전혀 예상치 못한 방식으로 더 나은 성능을 뽐내는 경우도 있을 수 있기 때문에 다양한 아이디어가 나올 수 있도록 고객의 반응을 고려해서 수많은 전문가가 노력하고 있습니다. 당연히 협업 필터링으로 해결할 수 없는 상황이 있을 수 있습니다. 고성능의 컴퓨터가 필요할 수도 있고, 온라인 작업이 불가능할 수도 있습니다. 어떤 형태든, 협업 필터링을 적용하는 데에 발생하는 문제점을 해결하기 위해 새로운 추천 시스템이 고안되기도 합니다. 이렇게 기존의 추천 시스템에서 문제점이 발견되고, 이 문제점으로 인해 새로운 서비스에서 기존의 추천 시스템을 적용하기 어려운 경우에 새로운 추천 시스템이 고안됩니다. 이 책에서 다루고 있는 추천 시스템의 종류는 기존의 추천 시스템이 가지는 문제점을 개선한 순서대로 안내하고 있습니다. 이 책의 안내에 따라가면, 추천 시스템의 기초를 쉽게 이해할 수 있습니다.

Q. 고객의 생각을 읽어내기 위해 설문조사도 많이 하는데요. 이러한 설문조사와 추천 알고리즘이 결합된 경우는 없나요?

A. 설문조사를 작성하는 과정부터 고객의 응답을 수집하는 과정까지, 모든 과정에 추천 시스템이 적용될 수 있습니다. 예를 들어 구글에서 제공하는 설문조사를 이용하면, 설문 항목을 만들 때 "동의합니까?" 같은 질문에 대한 예상 답변으로 "예/아니오"를 선택하는 버튼이 자동으로 생성됩니다. 또는 "예/아니오/기타"를 수집하기 위한 질문에

서, 첫 번째 버튼에 "예"라고 입력하면, 다음 입력할 항목으로 "아니오"를 추천합니다. 이렇게 설문조사를 작성하는 과정에는 이전에 설문지를 작성한 수많은 사람의 데이터가 관여되어 있습니다. 경우에 따라 적용하는 방법이나 형태는 다를 수 있지만, 대부분의 의사결정 과정에는 추천 시스템이 도움을 줄 수 있습니다.

Q. 노출되는 상품의 순서를 정할 때, 여러 조건에 점수를 매기는 것은 상당히 기술적 난이도가 있어 보입니다. 노출 우선순위는 기업 매출에 상당히 중요할 것 같은데요. 이러한 것을 기술적으로 잘하는 방법은 무엇인가요?

A. 노출되는 상품의 우선순위는 상품을 노출하는 서비스의 전략에 따라 결정됩니다. 따라서 다른 사이트를 통해 자신의 제품을 판매하는 소상공인이나 중소기업이라면 판매 채널의 서비스 전략을 잘 파악하는 게 중요합니다. 만약 네이버 쇼핑이 실사용 후기를 중요시한다면, 실사용 후기가 많은 상품이 가장 먼저 노출될 겁니다. 그렇다면 네이버 쇼핑에서 상위에 노출시키기 위해서는 실사용자가 많아야 하므로 판매가를 낮게 책정한 단품에 무료배송을 추가해 이익을 줄이더라도 실사용 후기를 늘리는 전략을 펼칠 수 있습니다. 그러나 판매 채널을 분석하고 전략을 수립했다고 해서 반드시 상위에 노출이 되는 건 아닙니다. 같은 카테고리에도 수많은 기업이 조금이라도 상위에 노출되기 위해 다 같이 노력하기 때문입니다. 카테고리에 따라 판매 전략을 수립하고 상위 노출이 될 수 있도록, 다양한 전략을 세우기 위한 연구가 필요할 수 있습니다.

3장
협업 필터링:
아마존의 추천 시스템

2장에서 협업 필터링에 사용하는 데이터와 사용자의 선호도를 조사하는 방법을 살펴보았습니다. 선호도 조사는 두 가지 방식으로 가능합니다. 눈에 보이는 점수인 '명시적 레이팅'과 점수로 나타내기 어려운 '암묵적 피드백'입니다. 명시적 레이팅은 5점 만점의 별점처럼, 일정한 범위 내에서 사용자가 점수를 남길 수 있도록 하고, 그 점수를 수집합니다. 반면에 암묵적 피드백은 사용자가 취한 행동을 데이터로 수집합니다. 온라인 쇼핑몰에서 상품을 장바구니에 담거나 상세 페이지에 접속하는 것 등이 암묵적 피드백에 해당합니다. 이 장에서는 선호도 조사로 수집한 데이터를 추천 시스템에 적용하는 방식에 대해 설명합니다. 이커머스계의 공룡, 아마존이 채택한 '협업 필터링'이라는 추천 시스템을 살펴보면서 선호도 조사가 어떻게 적용되는지 예시를 통해 설명합니다.

아마존에 대해 먼저 알아봅니다

아마존의 추천 시스템을 설명하기에 앞서, 아마존이 어떤 기업인지 살펴보겠습니다. 현재의 아마존은 이커머스 시장을 주도하는 글로벌 대기업입니다. 아마존은 1994년, 온라인 서점으로 시작했습니다. 서점에서 다루는 상품인 책은 그 분야와 종류가 다양하고 많습니다. 당연히 창고에서 도서를 관리하는 일도 쉽지 않습니다. 창고에서 수많은 책을 관리하는 일과 주문받은 책을 찾아 배송하는 작업은 아주 비효율적이고, 시간이 많이 걸립니다. 아마존은 비효율적인 부분을 찾고, 개선하는 데 엄청난 노력을 쏟았습니다. 사용자가 주문한 책을 거대한 창고에서 찾기 위해 컴퓨터 알고리즘을 적용했고, 재고관리와 배송 업무를 효율적으로 하기 위해서 다양한 연구와 실험이 있었습니다. 이런 노력으로 아마존은 1997년부터 DVD, 음악 CD, MP3, 비디오 게임이나 전자제품, 옷, 가구, 음식, 장난감 등 다양한 제품을 온라인에서 판매할 수 있게 되었습니다.

점점 많은 사용자가 아마존을 이용하기 시작했고, 특히 1년 중에 블랙 프라이데이와 크리스마스가 있는 연말에 서비스 접속량과 주문량이 폭주했습니다. 아마존은 이 시기에 트래픽 증가로 서비스가 정지하는 문제를 방지하기 위해, 어마어마한 규모의 데이터센터를 건설하여 서버를 추가로 준비했습니다. 하지만 1년 중에 특정 기간에만 필요한 엄청난 양의 서버 장비는 평소에도 유지관리비가 많이 필요합니다. 아마존은 추가로 준비한 서버 장비가 평소에도 사용될 수 있는 방법을 찾기 시작했습니다. 그렇게 탄생한 서비스가 바로 AWS_Amazon Web Service의 첫 번째 서비스인 EC2_Elastic Compute Cloud 대여입니다. 아마존의 참여로, 바야흐로 클라우드 컴퓨팅의 시대가 태동했습니다.

아마존의 경영 원칙은 다음과 같습니다.

"고객에서부터 시작하라. 나머지는 그다음이다"
(Start with the customer and work backwards)

이 말처럼 아마존은 고객의 가치를 가장 우선하는 회사로 소문나 있습니다. 가장 화제가 되었던 사례는 2014년 영국에서 일어났습니다. 아마존의 배송 실수로 630만 원어치의 택배가 한 사람에게 배송 되었습니다. 택배로 도착한 물품만 해도 삼성 3D TV부터 12인치 갤럭시 프로, 책장, 유모차 등 51개였습니다. 아마존은 이런 오배송이 회사의 실수라며, 택배 물품을 회수하지 않았습니다. 그리고 그 고객이 다른 사람에게 피해를 입지 않을지 우려를 표하자, 회사에서 책임을 지겠다며 안심시켰고, 실제로 이 건에 대해 아마존이 전부 책임지고 해결했습니다.

또, 아마존은 도전을 장려하고 실패를 두려워하지 않는 사내 문화가 있는 것으로도 유명합니다. 아마존은 끊임없는 혁신과 변화를 위해 실패를 염두에 두고 다양한 실험을 장려합니다. 이런 문화와 경영 원칙을 바탕으로 아마존은 세계 최고의 이커머스 기업, 세계 최대 규모의 클라우드 컴퓨팅 기업이 되었습니다. 그리고 실험을 장려하는 사내 문화 덕분에 사용자의 편의를 위한 다양한 알고리즘과 시스템이 구축되었습니다. 이 장에서는 고객의 가치를 가장 먼저 생각하는 아마존의 추천 시스템, '아이템 기반 협업 필터링'에 대해 알아보겠습니다. 다만, 이해를 위해 협업 필터링의 두 가지 방식 모두 설명하겠습니다.

사용자 기반 협업 필터링

사용자 기반 협업 필터링은 사용자 A와 취향이 비슷한 다른 사용자를 찾고, 두 사용자의 차이점을 서로에게 추천합니다. 2장에서 설명한 과일 추천의 예를 다시 한번 살펴보겠습니다.

앞서 우리는 사용자 A와 취향이 비슷한 다른 사용자가 B라는 것을 직관적으로 알 수 있었습니다. 추천 시스템은 컴퓨터로 이뤄지고, 사용자의 취향을 나타내는 선호도 데이터는 컴퓨터로 수집합니다. 컴퓨터가 모든 사용자의 취향(선호도)을 알고 있다면, 어떤 과정으로 사용자 A와 사용자 B가 유사한 취향이라는 걸 알 수 있을까요? 사용자 A에게 다른 과일을 추천하기 위해 사용자 A의 취향과 다른 모든 사용자의 취향을 비교합니다.

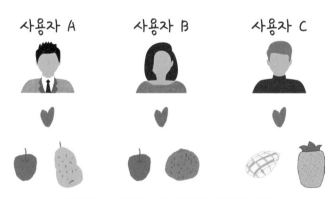

⬆ 그림 3-1 사용자 A, B, C가 각각 좋아하는 과일

사용자 A와 비슷한 취향을 가졌는지 파악하는 직관적인 방법은 몇 가지 단계로 이뤄집니다. 먼저 사용자 A와 사용자 B가 둘 다 사과를 좋아한다는 공통점을 인식합니다. 그리고 사용자 A와 사용자 B는 각각 배와 오렌지를 좋아한다는 차이점을 인식합니다. 마지막으로 사용자 C는 망고와 파인애플을 좋아하는데, 사용자 A와 겹치는 취향이 존재하지 않는다는 점을 확인합니다. 이 과정을 통해 사용자 A와 겹치는 취향이 있는 다른 사용자는 B라는 걸 직관적으로 알 수 있습니다. 컴퓨터는 이런 과정을 거치기 위해, 유사도(둘 사이의 유사한 정도)를 계산하고 그 결과를 비교합니다.

유사도를 계산하는 방법은 많습니다. 그중에서 대표적으로 사용하는 코사인 유사도를 적용해볼 겁니다. 코사인 유사도는 두 벡터 사이의 각도로, 비슷한 정도를 파악하는 방법입니다. 여기서는 계산식과 관련된 내용을 다루지 않습니다. 대신, "둘 사이의 유사도를 측정하는 계산식 중에서 코사인 유사도를 사용했다"는 정도만 알면 됩니다.

코사인 유사도는 −1에서 1까지의 값이 있는데, −1은 완전히 반대인 경우, 1은 완전히 같은 경우를 나타냅니다. 코사인 유사도가 0이면, 서로 독립적으로 존재하는 경우입니다.

사용자 A와 다른 사용자의 유사도를 계산하면, 사용자 A와 사용자 B의 유사도는 0.5입니다. 두 사용자는 두 개의 과일 중 사과를 공통적으로 좋아하기 때문에, 완전히 동일하진 않더라도 유사한 취향을 가졌다고 계산됩니다. 사용자 A와 사용자 C의 유사도는 0입니다. 두 사용자는 좋아하는 과일이 서로 다르므로 독립적으로 존재한다고 계산됩니다.

사용자 기반 협업 필터링을 적용해 추천 시스템을 구축한다면, 사용자 A에게 다른 과일을 추천하기 위해 사용자 A와 가장 유사한 다른 사용자를 찾아야 합니다. 앞서 코사인 유사도를 이용해 사용자 B가 사용자 A와 가장 유사한 취향의 사용자라고 확인했습니다. 따라서 이 추천 시스템은 사용자 A에게, 사용자 B가 좋아하는 다른 과일인 오렌지를 추천합니다.

만약, 사용자 C에게 다른 과일을 추천한다면, 어떤 과일을 추천할 수 있을까요? 추천 시스템에 사용자 기반 협업 필터링을 적용한다면, 사용자 C는 모든 다른 사용자와 유사도가 0입니다. 다시 말해, 사용자 C의 취향은 다른 사용자와 완전히 다르므로 독립적으로 존재한다고 할 수 있습니다. 이 경우에는 사용자 C에게 어떤 과일도 추천할 수 없습니다. 분명 사용자 C가 선택하지 않은 과일(사과, 배, 그리고 오렌지)이 있는데도, 다른 과일을 추천할 수 없다면 추천 시스템은 무용지물입니다.

다른 예시를 살펴보겠습니다. 영화를 추천하는 시스템을 만들어 보겠습니다. 사용자 A, B, C는 [그림 3-2]처럼 좋아하는 영화가 분명합니다. 사용자 A는 〈국제시장〉과 〈신세계〉 그리고 〈범죄도시〉를 좋아합니다. 사용자 B는 〈국제시장〉과 〈신세계〉 그리고 〈어바웃타임〉을 좋아하고, 사용자 C는 〈러브 액츄얼리〉와 〈어바웃타임〉 그리고 〈그 시

사용자 A

사용자 B

사용자 C

🔼 그림 3-2 사용자 A, B, C가 각각 좋아하는 영화

사용자 D

🔼 그림 3-3 사용자 D가 좋아하는 영화

1부_추천 알고리즘을 이해하는 8가지 기본 토대

절, 우리가 좋아했던 소녀〉를 좋아합니다. 사용자 B에게 다른 영화를 추천하기 위해 사용자 기반 협업 필터링을 적용한다면, 어떤 영화를 추천할 수 있을까요?

이번에는 사용자 B에게 다른 영화를 추천하려고 하기 때문에 사용자 B를 기준으로 코사인 유사도를 계산합니다. 사용자 B와 사용자 A의 코사인 유사도는 0.67이고, 사용자 B와 사용자 C의 코사인 유사도는 0.34입니다. 유사도가 1에 가까울수록 취향이 비슷한 사용자이기 때문에, 사용자 A가 사용자 C보다 사용자 B와 취향이 비슷합니다. 사용자 기반 협업 필터링에서 추천하는 아이템을 고를 때에는, 자신을 제외하고 가장 유사한 사용자의 취향을 기반으로 추천할 아이템을 골라야 합니다. 따라서 사용자 B에게 추천할 영화는 사용자 B와 가장 유사한 사용자 A가 좋아하는 영화 중 하나입니다. 이 예시에서는 〈범죄도시〉를 사용자 B에게 추천합니다.

새로운 사용자 D를 추가해 보겠습니다. 만약 〈셜록홈즈〉 〈라이온 킹〉 〈라따뚜이〉를 좋아하는 사용자 D에게 다른 영화를 추천한다면, 어떤 영화를 추천해야 할까요? 사용자 D와 다른 모든 사용자의 유사도는 0입니다. 완전히 독립적으로 존재하는 경우이기 때문에, 이 경우에는 사용자 D에게 다른 영화를 추천할 수 없습니다. 앞선 과일 추천 예시에서 사용자 C에게 추천할 수 있는 과일이 없었던 것과 같은 문제입니다.

아이템 기반 협업 필터링

이번에는 '아이템 기반 협업 필터링'을 적용해 영화를 추천해보겠습니다. 아이템 기반 협업 필터링은 아마존에서 상품을 추천할 때 사용하는 추천 시스템입니다. 이 방법을 사용하기 위해서는 '사용자 기반 협업 필터링'과 마찬가지로 유사도를 측정합니다. 이번에는 아이템 사이의 유사도를 측정해, 모든 사용자에게 영화를 추천합니다. 각 영화에 대한 사용자별 취향을 살펴보겠습니다.

〈국제시장〉과 〈신세계〉는 사용자 A와 B가 좋아합니다. 〈범죄도시〉는 사용자 A만 좋아합니다. 〈어바웃타임〉은 사용자 B와 C가 좋아합니다. 〈러브 액츄얼리〉와 〈그 시절, 우리가 좋아했던 소녀〉는 사용자 C만 좋아합니다. 〈국제시장〉을 본 사람에게 다른 영화를 추천한다면, 어떤 영화를 추천할 수 있을까요? 이번에는 영화를 기준으로 다른 영화를 추천해야 하므로, 〈국제시장〉을 기준으로 다른 영화와 코사인 유사도를 계산해야 합니다.

〈국제시장〉과 〈신세계〉의 코사인 유사도는 1입니다. 〈국제시장〉을 좋아하는 사용자는 〈신세계〉도 좋아하기 때문입니다. 이런 방식으로 유사도를 계산하면, 〈국제시장〉과 코사인 유사도가 0.5인 영화는 〈범죄도시〉와 〈어바웃타임〉입니다. 나머지 영화는 〈국제시장〉과 코사인 유사도가 0입니다. 아이템 기반 협업 필터링은 기준이 되는 아이템을 제외한 다른 아이템 중에서, 가장 유사한 아이템을 추천하는 시스

🔼 그림 3-4 각 영화를 좋아하는 사용자

템입니다. 따라서 〈국제시장〉을 좋아하는 사람에게 추천할 영화는, 〈국제시장〉과 유사도가 1인 〈신세계〉이어야 합니다. 앞서 설명한 대로 기준과 비교 대상의 유사도가 1이면, 완전히 유사한 경우입니다. 여기서는 〈국제시장〉을 본 사용자와 〈신세계〉를 본 사용자가 완전히 같다고 해석할 수 있습니다. 이 예제에서는 사용자 A와 사용자 B가 모두 두 영화를 좋아하고 다른 사용자는 그렇지 않으므로, 〈국제시장〉과 〈신세계〉의 유사도가 높다고 생각해도 좋습니다.

협업 필터링 적용 사례

협업 필터링은 사용자나 아이템을 기반으로 유사도를 측정하고, 유사도가 가장 높은 아이템을 추천합니다. 협업 필터링이 적용된 경우를 살펴보겠습니다. 아마존이나 쿠팡 같은 이커머스를 이용하면서, 한 번쯤 보게 되는 화면이 있습니다. 바로 '다른 고객이 함께 구매한 상품(Customers also bought these items from Amazon)'입니다. 이 화면이 아이템을 기반으로 구매한 사용자의 유사도를 분석하는 아이템 기반 협업 필터링을 적용한 대표적인 예입니다. 쿠팡에서도 같은 시스템을 확인할 수 있습니다.

🔼 그림 3-5 아마존의 무선 이어폰 제품 상세 페이지에서 확인할 수 있는 추천 시스템

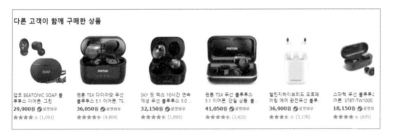

🔼 그림 3-6 쿠팡의 무선 이어폰 제품 상세 페이지에서 확인할 수 있는 추천 시스템

🔼 그림 3-7 쿠팡의 메인 페이지에서 확인할 수 있는 추천 시스템

협업 필터링은 이미 존재하는 데이터를 기반으로 유사도를 측정합니다. 하지만 사용자의 취향이 완전히 다르거나(독립적이거나), 아직 취향을 밝히지 않은 새로운 사용자가 추가되었을 경우에는 추천 시스템이 적용될 수 없습니다. 협업 필터링에서 새롭게 추가된 사용자에게는 어떠한 것도 추천할 수 없는 문제를 '콜드 스타트Cold start' 문제라고 합니다. 이커머스에서는 상세 페이지의 방문 여부를 암묵적 피드백으로 수집하여 이 문제를 극복합니다. 만약 새로운 사용자가 아무 페이지도 방문하지 않았다면, 협업 필터링을 이용한 추천 시스템을 적용할 수 없습니다. 크롬의 시크릿 모드나 파이어폭스의 사생활 보호 모

🔼 그림 3-8 크롬의 시크릿 모드로 접속한 쿠팡 메인 페이지

드로, 아마존이나 쿠팡의 웹사이트를 방문하면 협업 필터링으로 추천되는 화면이 나타나지 않습니다.

사용자와 아이템의 상관관계가 복잡하지 않은 이커머스는 선호도 조사를 통해 콜드 스타트 문제를 충분히 극복할 수 있습니다. 하지만 사용자에 따라 취향이 극단적으로 나뉘거나, 선택할 수 있는 취향의 폭이 넓은 경우에는 선호도 조사로 이 문제를 극복하기 어렵습니다. 만약, 선택지가 많은 경우에 선호도 조사와 협업 필터링으로 이 문제를 극복하려고 한다면, 유사도 측정을 위해 계산하는 시간이 아주 오래 걸릴 겁니다. 사용자와 아이템을 모두 고려해서 계산하다 보니, 사용자나 아이템이 많을수록 유사도를 계산하는 데 시간이 더 오래 걸립니다.

이 문제를 해결할 다른 방법으로는 '콘텐츠 기반 추천 시스템'이 있습니다. 콘텐츠 기반 추천 시스템은 추천할 아이템 자체를 분석하여, 아이템이 가지고 있는 데이터를 기반으로 추천하는 시스템입니다. 과일 추천에 콘텐츠 기반 추천 시스템을 간략하게만 적용해 보겠습니다.

사과는 단맛과 신맛이 일품입니다. 배는 단맛이 단연 최고이고, 오렌지는 상큼함이 매력인 만큼 여기서는 신맛으로 간주하겠습니다. 망고와 파인애플은 열대과일이라는 공통점이 있고 각각 단맛과 신맛이 있다고 가정합니다.

사용자 B가 좋아하는 과일의 특징은 단맛과 신맛이 모두 있는 사과와 신맛만이 있는 오렌지입니다. 사용자 B에게 한 가지 과일을 추천한다면, 어떤 과일이 가장 적절할까요? 사용자 B가 좋아하는 과일 중에서 단맛은 한 번, 신맛은 두 번 나오기 때문에 파인애플을 추천하는 게 정답입니다.

사용자 B가 선택한 아이템에서, 각각 아이템이 가지고 있는 속성을 살펴보겠습니다. 사과와 오렌지의 맛 중에서 단맛은 한 번, 신맛은 두 번 등장하므로, 사용자 B는 단맛의 과일보다 신맛의 과일을 좋아한다고 판단할 수 있습니다. 따라서 사용자 B에게 다른 과일을 추천한다면, 신맛을 가지고 있는 과일인 사과, 오렌지, 파인애플 중에서 선택해

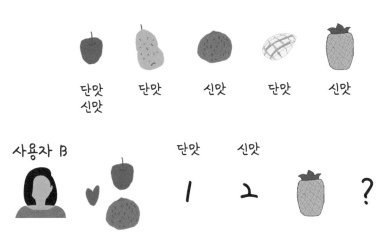

☝ 그림 3-9 콘텐츠 기반 추천 시스템 예시

야 합니다. 그리고 사용자 B가 좋아하는 과일인 사과와 오렌지를 제외하면, '파인애플'만 남습니다. 그래서 사용자 B에게는 파인애플을 추천하는 게 정답입니다.

이렇게 아이템의 속성을 분석하여 추천하는 방식을 콘텐츠 기반 추천 시스템이라고 합니다. 콘텐츠 기반 추천 시스템에서 사용하는 데이터는 '메타데이터'라고 합니다. 이 예제에서는 단맛과 신맛이 과일의 메타데이터입니다. 콘텐츠 기반 추천 시스템은 콘텐츠가 가지고 있는 특성을 데이터 형태로 구분하고, 이 데이터를 기반으로 사용자의 취향을 파악합니다. 협업 필터링의 문제를 일부 해결하는 콘텐츠 기반 추천 시스템은 다음 장에서 좀 더 자세하게 살펴봅니다.

Q 아마존이 남아도는 서버 장비를 대여해서 AWS를 만들었다는 게 색다르네요. 하지만 블랙프라이데이와 같은 기간에는 아마존도 엄청난 서버 용량이 필요할 텐데, 서버를 대여해주면 이 기간에는 기존 서버 용량으로 부하를 견딜 수 있을까요?

A. 서비스의 출시 시기와 클라우드 컴퓨팅이 IT 분야의 핵심 기술로 떠오르던 시기(2000년대 초)를 고려하면, 남아도는 서버 장비를 임대하는 분야로 사업을 확장했다고 보는 게 좋습니다. 아마존은 위 기간 동안 충분한 서버 용량이 필요했습니다. 그러나 며칠밖에 되지 않는 이 기간을 위해 나머지 10개월 동안 서버를 방치하는 건 자원 낭비입니다. AWS는 서버 장비가 남아서 시작된 사업이지만, 빠르게 성장하여 지금은 아마존의 중요한 먹거리 중 하나입니다. AWS의 출연 이후 아마존은, 대용량 서버가 필요한 특정 기간 동안만 AWS에서 서버를 대여하여 트래픽 충격에 대비할 수도 있을 겁니다.

Q. 과일의 단맛에는 그 정도를 나타내는 브릭스(Brix)라는 단위가 있는데요. 과일마다 당도에 차이가 있을 텐데, 단순하게 단맛과 신맛으로 비교해도 괜찮은가요?

A. 추천 시스템은 설계하기 나름입니다. 앞선 예시에서 사용한 것처럼 단맛과 신맛이라는 큰 단위로 구분할 수도 있고, 질문처럼 당도를 기준으로 구분할 수도 있습니다. 사과의 당도가 10브릭스이고, 파인애플과 망고가 5브릭스, 10브릭스라면, 사용자 B에게 파인애플이 아닌 망고를 추천할 수도 있습니다. 이렇게 설계하는 사람에 따라 결정되는 데이터를 메타데이터라고 합니다. 이 메타데이터는 콘텐츠 기반 추천 시스템에서 주로 사용하므로, 이어지는 콘텐츠에서 더욱 상세하게 살펴보겠습니다.

Q. 사용자 기반, 아이템 기반 협업 필터링의 단점을 극복하기 위해 콘텐츠 기반 추천 시스템이 나왔네요. 정말 많은 고민과 연구가 필요한 게 추천 시스템인 것 같습니다. 모든 회사에 이러한 추천 시스템이나 추천 알고리즘을 개발하는 전문가가 있나요?

A. 모든 회사에 추천 알고리즘이나 시스템 아키텍처를 설계하는 사람이 있는 건 아닙니다. 그러나 이 책에서 예시로 자주 등장하는 회사들은 대부분 알고리즘이나 아키텍처를 설계하는 직군을 별도로 두고 있습니다. 이 장에서 소개한 아마존부터 넷플릭스, 유튜브, 메타(페이스북) 등 대부분의 IT 대기업에는 추천 시스템을 다루는 스페셜리스트가 있습니다.

추천 알고리즘의 과학

4장
해시태그와 메타데이터

앞서 설명한 선호도 조사는 협업 필터링이라는 추천 시스템을 적용하기 위해 필요한, 사용자의 데이터를 수집하는 방법이었습니다. 선호도 조사를 통해 사용자의 취향을 데이터로 수집하고, 이 데이터를 바탕으로 협업 필터링을 적용합니다. 두 가지 협업 필터링 중에서 사용자를 기반으로 하는 협업 필터링은 유사한 취향의 다른 사용자의 취향을 참고하여 아이템을 추천합니다. 다른 하나인 아이템 기반 협업 필터링은, 유사한 데이터의 아이템을 찾아 사용자에게 아이템을 추천합니다. 그러나 협업 필터링은 데이터를 수집해야 할 사용자나 아이템이 많아지면 유사도를 계산하는 일에도 시간이 오래 걸립니다. 또 새로운 아이템이나 사용자가 추가되면 그 어떤 아이템도 추천할 수 없다는 문제가 있었습니다. 아마존이나 쿠팡 같은 이커머스는 아이템의 유사도를 저장하거나 비슷한 사용자를 그룹으로 관리하여 이 문제를 해결할 수도 있습니다. 그러나 이런 방법조차 특수한 상황에서만 사용하는 등 제약이 있습니다.

협업 필터링의 문제를 일부 극복한 추천 시스템이 있습니다. '콘텐츠 기반 추천 시스템'이라는 이름의 이 추천 방식은 아이템이나 사용자가 독립적으로 존재하더라도 파악할 수 있는 데이터를 기반으로 동작합니다. 말이 조금 어렵게 느껴질 수 있습니다. 쉽게 말하자면, '나'라는 사람의 취향과 '이것'이라는 아이템 자체의 특성을 바탕으로 동작합니다. 예를 들어, 필자는 과일 중에서 바나나를 좋아합니다. 바나나는 단맛이 있다는 특징이 있습니다. 필자의 취향을 파악하려는 이때, 콘텐츠 기반 추천 시스템은 '바나나'라는 아이템에 집중하는 게 아니라 '단맛'이라는 특징에 집중합니다. 콘텐츠 기반 추천 시스템에서는, 필자의 취향이 단맛이 되는 겁니다. 만약 '단맛'이 특징인 황도 복숭아와 '신맛'이 특징인 레몬 중에서 필자에게 하나를 추천한다면, 콘텐츠 기반 추천 시스템은 '황도 복숭아'를 추천할 겁니다.

이 예시를 협업 필터링으로 살펴보면, 협업 필터링의 한계점을 더욱 체감할 수 있습니다. 협업 필터링을 이용해 아이템을 추천하려면 사용자가 선택한 과일과 다른 사용자가 선택한 과일에 대한 데이터를 수집해야 합니다. 그러나 이 예시에서 사용자는 필자 혼자이므로, 협업 필터링은 동작할 수 없습니다. 이처럼, 독립적인 사용자에게도 맞춤 추천을 할 수 있다는 점 때문에 콘텐츠 기반 추천 시스템은 여러 곳에서 사용하고 있습니다. 이 장에서는 콘텐츠 기반 추천 시스템을 살펴보기에 앞서 알아야 하는 데이터, 메타데이터를 설명합니다. '메타데이터'는 사용자가 직접 입력하는 데이터라는 뜻이 있습니다. 그리고 그 방식이 해시태그와 유사하기 때문에, 두 가지 방식을 함께 설명합니다.

복잡한 계산을 하는 컴퓨터로부터 잠시 떠나서 생각해 보겠습니다. 개인 맞춤 추천을 위해서는 무엇이 전제되어야 할까요? 개개인 한 사람, 한 사람에게 맞춰서 추천하려면, 개개인의 취향을 미리 알고 있으면 됩니다. 예를 들어, 필자에게는 패션에 관심이 많은 지인 A와 춤을 좋아하는 지인 B가 있습니다. 지인 A는 매일 다른 사람의 코디를 검색해보고 자신의 스타일에 참고합니다. 반면에 지인 B는 방송 댄스부터 스트리트 댄스까지 최신 유행인 춤을 매일 찾아봅니다.

필자가 길을 걷다가 우연히 스트리트 댄서의 버스킹을 보았습니다. 춤을 잘 모르는 제 눈에도 너무 멋진 모습이어서, 저도 모르게 짧은 동영상을 녹화했습니다. 그리고 이 동영상을 지인 A와 지인 B, 둘 중 한 사람에게 보냈습니다. 필자는 이 동영상을 지인 A와 지인 B 중 누구에게 보냈을까요? 필자는 길거리의 댄스 버스킹을 보자 지인 B가 떠올라 동영상을 전송했습니다. 그렇다면 왜 지인 B가 바로 떠올랐을까요? 필자는 지인 B가 춤을 좋아한다는 사실을 이미 알고 있었기 때문입니다.

🔼 그림 4-1 스트리트 댄서의 버스킹

만약 우연히 본 장면이 댄스 버스킹이 아니라, 힙한 스타일의 패셔니스타라면 당연히 지인 A에게 사진이나 동영상을 전달했을 겁니다. 이렇게 콘텐츠(또는 아이템)가 가지고 있는 특징과 개개인의 취향을 매치할 수 있다면, 개인 맞춤 추천 시스템을 설계할 수 있습니다.

메타데이터

사람의 취향은 어떻게 결정되는지, 생각해본 적이 있나요? 사람의 취향은 경험을 통해 형성됩니다. 예를 들어, 쌀국수에 고수(Cilantro)를 넣어 먹는 사람과 그렇지 않은 사람이 있다고 하겠습니다. 그들은 자신이 쌀국수에 고수를 넣어 먹는 취향인지, 그렇지 않은 취향인지 어떻게 알 수 있을까요? 필자는 쌀국수를 먹을 때, 항상 고수를 넣어 먹습니다. 처음에는 고수 특유의 향에 꺼렸지만, 국물 맛이 깊어지는 경험을 동시에 했습니다.

이후로는 쌀국수를 먹을 때마다 조금씩 고수를 넣어 먹다가, 이제는 쌀국수와 함께 서빙된 고수를 전부 쌀국수에 털어 넣습니다. 이처럼 사람의 취향은 경험에 의해 결정됩니다. 필자처럼 고수에 대해 좋은 경험을 했다면, 고수를 선호하게 되는 겁니다. 반대의 경우도 있을 수 있습니다. 처음으로 고수에 도전했지만, 그 향이 너무 강렬해 좋아하지 않게 되는 경우입니다. 이렇게 고수에 대해 좋지 않은 경험을 한

⬆ 그림 4-2 고수가 들어간 쌀국수와 고수가 들어가지 않은 쌀국수

사람이 고수를 좋아하게 될 일은 잘 일어나지 않습니다. 이렇게 사람의 취향은 경험에 의해 형성됩니다. 다시 말해, 사람의 취향은 아이템을 사용하거나 콘텐츠를 소비한 경험에 의해 결정됩니다.

콘텐츠 기반 추천 시스템은 사람의 취향이 결정되는 방식과 유사합니다. 사용자가 특정 콘텐츠를 선호한다는 경험을 데이터로 제공하면, 이 콘텐츠가 가진 데이터를 사용자의 취향 데이터로 수집합니다. 추천 시스템이 사용자에게 새로운 콘텐츠를 추천할 때에는, 사용자가 선호하는 취향 데이터와 일치하는 콘텐츠를 추천합니다. 필자처럼 고수를 좋아하는 경우에는 고수가 들어간 반미 샌드위치를 추천할 수 있습니다. 또는 추천 시스템이 필자가 고수처럼 호불호(好不好)가 나뉘는 향신료를 좋아한다고 판단하여, 샤프란이나 민트 같은 향신료가 들어간 다른 음식을 추천할 수도 있습니다. 필자가 예시로 든 고수처럼, 콘텐츠를 구성하는 데이터를 '메타데이터'라고 합니다.

1부_추천 알고리즘을 이해하는 8가지 기본 토대

개인 맞춤 추천 시스템을 설계하기에 앞서, 콘텐츠와 개인의 취향을 분석해야 합니다. 분석한 결과는 키워드로 정리합니다. 이 정리된 키워드를 메타데이터로 볼 수 있습니다. 하나의 콘텐츠는 여러 개의 메타데이터를 가집니다. 콘텐츠가 가진 메타데이터와 개인이 선호하는 메타데이터를 비교해, 가장 많은 메타데이터가 겹치는 콘텐츠를 추천합니다. 이렇게 디자인된 시스템이 바로 콘텐츠 기반 추천 시스템입니다. 메타데이터를 활용한 콘텐츠 기반 추천 시스템은 다음 장에서 설명합니다.

해시태그

해시태그는 트위터, 인스타그램 등 다양한 SNS에서 쉽게 접할 수 있는 기능입니다. '#' 기호에 키워드를 붙여, 검색하기 좋게 분류합니다. 여기서 '#' 기호는 '넘버 사인' 또는 '해시'라고 부릅니다. 인스타그램 같은 SNS에서는 이 넘버 사인을 '해시태그'라고 부르며, 해시태그로 게시물을 검색할 수 있습니다. 인스타그램의 검색창에 '패션'을 입력하면 '#패션'과 같이 해시태그 검색으로 변경되고, 이 해시태그를 달고 있는 모든 게시물을 확인할 수 있습니다. 사용자는 자신이 업로드할 게시물에 기존의 해시태그를 달 수 있고, 존재하지 않는 해시태그를 새로 생성하여 적용할 수 있습니다.

해시태그는 일종의 해시 테이블입니다. 그리고 해시 테이블은 '키'와 '값'을 가집니다. 지하철 역에 있는 보관함을 떠올리면 이해하기 쉽습니다. 필자가 지하철 역에 있는 보관함에 짐을 넣고, 그 보관함의 번호를 기억하고 있습니다. 여기서 보관함의 번호가 키이고, 필자의 짐이 값입니다. 필자는 보관함의 번호를 기억하고 있어야만, 짐을 다시 찾을 수 있습니다. [그림 4-3]에서 보관함의 번호인 '10'은 필자의 짐을 찾기 위해 반드시 기억해야 할 '키'입니다.

마찬가지로 인스타그램은 지하철 역에 있는 커다란 보관함입니다. 해시태그는 보관함의 번호이고, 게시물은 보관된 자료입니다. 앞서 예로 든 '#패션'은 인스타그램에서 '패션'이라는 이름이 붙은 보관함의 번호입니다. 인스타그램에는 수많은 작은 보관함이 담겨 있습니다. #패션, #춤, #데일리, #JMT, #맛집, #알고리즘 등등이 작은 보관함에 해당합니다. 그리고 하나하나의 작은 보관함에는 수많은 게시물이 포함됩니다.

해시태그를 지하철 역의 보관함에 빗대 설명해 보았습니다. 그러나 물리적인 실체를 가진 지하철 역의 보관함과 디지털로 존재하는 인스타그램의 해시태그에는 큰 차이점이 있습니다. 인스타그램의 게시물 하나에는 최대 30개의 해시태그를 설정할 수 있습니다. 그러나 현실에서는 짐을 30개로 쪼개서 서로 다른 보관함에 보관하는 일은 있을 수 없습니다. 인스타그램의 게시물이 데이터로 존재하기 때문에 가

1부_추천 알고리즘을 이해하는 8가지 기본 토대

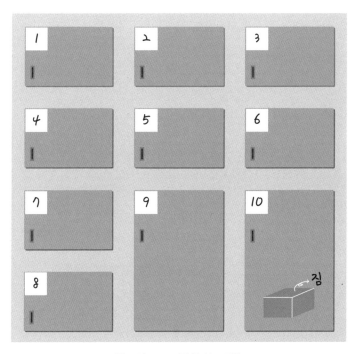

⬆ 그림 4-3 지하철 역 보관함

⬆ 그림 4-4 인스타그램의 해시태그 보관함

능한 일입니다. 하나의 게시물에 30개의 해시태그가 있다면, 30개의 해시태그 중 하나만 있더라도 이 게시물을 찾을 수 있습니다. 만약 이 게시물에 달린 해시태그를 여러 개 검색한다면, 이 게시물을 조금 더 쉽고 빠르게 검색할 수 있습니다.

참고로, 해시태그를 검색하면 나타나는 추천 게시물이 있습니다. 이 추천 게시물은 인스타그램에서 설정한 추천 시스템에 따라 노출됩니다. 많이 검색되었거나, 사람들에게 많이 노출되었거나, 또는 비슷한 취향의 사람들에게 노출될 수 있습니다. 이 책의 후반부에서는 다양한 서비스의 추천 시스템을 이해하는 데에 초점을 맞추고 있습니다. 인스타그램의 추천 시스템을 따로 설명하진 않지만, 어떤 원리로 동작하는지 눈여겨본다면 인플루언서가 되는 일도 현실이 될 수 있습니다.

콘텐츠 분석

SNS에서의 해시태그는 사용자가 게시물을 업로드할 때에 직접 입력합니다. 사용자는 새로운 해시태그를 생성하거나 다른 사용자가 등록해 둔 해시태그를 입력할 수 있습니다. 메타데이터도 사람의 의지에 따라 결정된다는 점에서 동일합니다. 그러나 메타데이터는 콘텐츠를 분석하여 그 속성을 나타내는 데이터라는 차이가 있습니다. 해시태그와 메타데이터 둘 다 사람이 입력하지만, 해시태그는 상관없는 키워드를 붙일 수 있고, 메타데이터는 콘텐츠 자체를 분석한 키워드입니다. 예를 들어 무더운 여름의 해변 사진을 콘텐츠로 두고 분석한다면, '더위' '여름' '사람' '모래사장' 등과 같은 키워드를 얻을 수 있습니다. 이렇게 콘텐츠를 분석하여 사람이 알아보기 쉽게 가공한 것을 메타데이터로 볼 수 있습니다.

keyword : 더위, 여름, 사람, 모래사장...

⬆ 그림 4-5 무더운 여름의 해변 사진 메타데이터

메타데이터의 정의는 데이터를 위한 데이터입니다. 위의 그림처럼 데이터로 표현할 수 있는 사진이나 디지털로 존재하는 영화, 음악 등은 모두 메타데이터를 가질 수 있습니다. 만약 영화를 분석해 메타데이터를 얻는다면, 조명, 한 씬scene의 길이, 런타임, 분위기, 장르, 배우, 캐릭터 등 다양한 데이터를 발견할 수 있습니다. 그리고 이 데이터를 가공하여 각기 다른 메타데이터를 형성합니다.

영화 A가 '밝은 조명' '긴 호흡' '긴 영화' '신기한 분위기' '미스터리' '배우 A, 배우 B' '아역 A, 아역 B'라는 메타데이터를 가지고 있다고 가정하겠습니다. 이 영화의 메타데이터는 어떤 기준으로 설정된 걸까요? 이 영화에서 메타데이터를 구분한 기준은 추천 시스템을 설계하는 사람들에 의해 결정됩니다. 메타데이터는 파악하기 쉽도록 구분하는 것이 필수적입니다. 예를 들어 배우와 캐릭터, 장르에 대한 메타데이터는 이미 존재하는 기준을 통해 결정되므로 사람들이 쉽게 이해할 수 있고, 쉽게 구분할 수 있습니다. '배우 송강호'라는 메타데이터는 송강호라는 이름을 사용하는 배우를 지칭합니다. 그러나 구분하기 어려운 기준도 있습니다. 조명의 밝기나, 한 씬의 길이, 런타임 같은 메타데이터는 어떤 데이터로부터 어떤 기준이 적용된 건지 파악하기 어렵습니다. 이런 경우 추천 시스템을 설계하는 사람들에 의해 그 기준이 구분됩니다. 조명이나 한 씬의 길이, 런타임은 수치로 나타낼 수 있고, 이 수치를 구분하여 조명이 어두운지 또는 밝은지 결정합니다.

예를 들어 영화 A에서 나타나는 전반적인 조도는 8럭스lux입니다. 맑은 날 해질 무렵의 황혼이 4럭스이고, 거실의 밝기가 50럭스이므로, 이 영화의 조도인 8럭스는 상당히 어두운 편에 속한다고 할 수 있습니다. 만약 필자가 이 영화의 조도를 메타데이터로 표현한다면, '어두운 조명'이라는 키워드를 사용할 겁니다. 그러나 다른 누군가는 이 영화의 조도를 '어두운 조명'이라는 키워드가 아니라, '황혼이 질 무렵'이라는 키워드를 사용할 수도 있습니다. 같은 콘텐츠를 즐기더라도 사람마다 감상이 다르듯이, 메타데이터를 설정한 사람에 따라 다르게 표현될 수 있습니다. 결국, 메타데이터는 추천 시스템을 디자인한 사람에게 큰 영향을 받습니다. 같은 데이터에서 출발하더라도, 데이터를 가공하는 사람에 따라 서로 다른 메타데이터로 가공할 수 있기 때문입니다.

어떤 시스템이든 시스템을 디자인할 때에는, 시스템을 디자인한 사람에게 영향을 덜 받아야 합니다. 그 이유는 여러 가지가 있지만, 현실적인 이유는 담당자가 바뀌어도 같은 서비스를 제공할 수 있어야 하기 때문입니다. 시스템을 디자인한 사람에게 받는 영향을 줄이기 위해 수치를 그대로 사용하는 경우도 있습니다. 대표적인 예가 유튜브 뮤직과 같은 음원 스트리밍 서비스입니다. 유튜브 뮤직은 모든 음원에 대하여, 음원이 가지고 있는 특성을 분석합니다. 음원에서 나타나는 음역대를 Hz(헤르츠) 단위로 분석하고, 리듬이나 박자를 분석하여 재생되는 시간과 함께 가공합니다. 가공된 메타데이터를 음원의 정보로 등록해

두면, 콘텐츠 기반 추천 시스템이 사용자의 취향으로 등록된 메타데이터와 같은 태그를 가진 다른 음원을 사용자에게 추천할 수 있습니다.

특별한 경우에는 사람이 직접 메타데이터를 입력하는 경우도 있습니다. 도서관에서 도서를 관리하기 위해 붙이는 서지 기술이 대표적인 예입니다. 1974년 단행본용 국제표준서지기술표준(ISBD, International Standard Bibliographic Description)이 발행된 이후 다양한 표준이 발행되어 도서관에서 사용되고 있습니다. 도서관마다 약간씩 차이가 있으므로, 필자가 자주 가는 도서관을 기준으로 설명하

⬆ 그림 4-6 도서관에서 태그를 붙여서 도서를 분류한 예

겠습니다. 이 도서관에서는 도서의 장르와 주제에 대해 서가를 분류합니다. 분류된 서가에서 도서를 정리할 때에는 제목의 첫 자음과 작가 이름의 이니셜을 기준으로 도서를 분류합니다. 만약 자음과 이니셜이 겹치는 도서가 있다면 도서관에 먼저 입고된 순서대로 번호를 할당합니다. 예를 들어, [그림 4-6]의 가운데에 있는 책 제목의 시작인 '스'의 'ㅅ'과 작가 이름인 '옴스'의 이니셜 'ㅇ'이 만나 'ㅇㅅ'으로 분류한 책에는 분류한 내용을 태그로 붙여서 도서를 정리합니다. 이 경우는 사용자가 입력한다는 점에서 해시태그처럼 보이지만, 콘텐츠 자체를 분석한다는 점에서 메타데이터에 가깝습니다.

사용자 취향

지금까지 해시태그와 메타데이터를 살펴보았습니다. 해시태그는 사용자가 임의로 입력하는 키워드이고, 메타데이터는 콘텐츠를 분석해서 얻을 수 있는 키워드입니다. 그렇다면 사용자의 취향은 어떻게 메타데이터로 만들 수 있을까요? 답은 생각보다 간단합니다. 앞서 살펴본, 필자의 취향이 쌀국수에 고수를 넣어 먹는 경험을 통해 결정된 것처럼, 이미 메타데이터가 적용된 콘텐츠를 사용자에게 보여주면서 취향을 선택해달라고 요청합니다. 유튜브 뮤직을 처음 실행하면 취향에 맞는 음원을 골라야 합니다. 사용자가 몇 가지의 음원을 선택하고

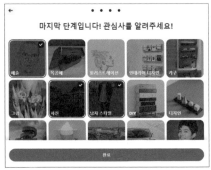

⬆ 그림 4-7 왓챠(왼쪽)와 핀터레스트(오른쪽)에서 사용자의 취향을 수집하는 모습

나면, 시스템은 각 음원이 가진 메타데이터를 정리하여 사용자의 취향으로 파악합니다.

이런 방식은 아주 다양한 서비스에서 적용하고 있습니다. 개인 맞춤 영화 추천 서비스인 왓챠를 이용하기 위해서는 10가지의 영화를 평가해야 하고, 이미지나 정보를 쉽게 스크랩할 수 있는 핀터레스트를 이용하기 위해서는 최소 5가지의 관심사를 설정해야 합니다.

왓챠는 서비스를 시작하기에 앞서, 사용자의 평가를 통해 콘텐츠가 담고 있는 메타데이터를 사용자에게 적용하고, 사용자의 취향을 결정합니다. 첫 화면에서 특정한 장르의 영화만 고른다면, 실제 서비스에서는 한 장르로 구성된 화면을 만날지도 모릅니다. 다행히 사용자가 서비스를 계속해서 이용한다면, 사용자의 데이터를 추가로 수집하여

1부_추천 알고리즘을 이해하는 8가지 기본 토대

사용자의 취향을 꾸준히 업데이트합니다. 다양한 장르의 영화를 본다면, 더욱 다양한 장르의 영화를 접할 수 있습니다. 반대로 처음 선택한 장르의 영화를 계속해서 시청한다면, 오히려 다른 장르의 영화가 화면에 나타나지 않을 수도 있습니다.

이렇게 콘텐츠에 대한 사용자의 선택으로 사용자의 취향을 수집하면, 콘텐츠가 가진 메타데이터를 사용자의 취향을 메타데이터로서 수집합니다. 콘텐츠 기반 추천 시스템에서는 사용자의 메타데이터를 활용합니다. 사용자의 행동 데이터나 평가로부터 얻어낸, 사용자의 취향을 구성하는 메타데이터와 콘텐츠가 가지고 있는 메타데이터를 비교해서 콘텐츠를 추천합니다. 만약 영화 추천 서비스에서 사용자가 액션 장르에 대해 [좋아요] 버튼을 눌렀다면, 콘텐츠 기반 추천 시스템은 사용자가 가지고 있는 메타데이터(액션)와 일치하는 영화(콘텐츠)를 추천합니다. 콘텐츠 기반 추천 시스템에 대해서는 다음 장에서 더 자세히 다룹니다.

Q. 시스템을 디자인하거나 메타데이터를 가공할 때 디자인하는 사람의 영향을 덜 받아야 한다고 했습니다. 혹시 이 작업이 사람의 손을 완전히 벗어날 수는 없나요? AI가 추천 시스템을 디자인한다면 어떨까요?

A. 이 작업에서 사람의 손이 완전히 벗어나는 일은 조금 어렵습니다. 시스템을 디자인할 때에 적용한 알고리즘에 따라 메타데이터가 가공되는데, 결국 적용할 알고리즘을 구현하는 것은 사람의 몫이기 때문입니다. 마찬가지로 AI가 디자인하더라도 큰 차이는 없습니다. AI도 결국 하나의 프로그램일 뿐이므로, 머신러닝을 통해 학습하는 과정에서 의도된 데이터로 학습한다면 결국 사람에 의해 결정된 방식을 따릅니다. 어떻게 하든 사람의 손을 완전히 떠날 수는 없지만, 사람의 영향을 최소화하고 순수한 알고리즘으로 목표에 맞게 구현하는 것이 필자가 생각하는 시스템 디자인의 지향점입니다.

Q. 해시태그는 사용자가 직접 입력하기 때문에 수집에 대한 어려움은 없을 것 같습니다만, 메타데이터의 경우에는 관련 태그를 누군가가 입력을 해주어야 할 것 같은데요. 어떤 방법이 있나요?

A. 아이템이나 콘텐츠는 사회적 합의에 따라, 입력해야 하는 데이터가 있습니다. 편의점에서 음료를 한 캔 구매하더라도, 캔의 한쪽에는 영양정보부터 제조사의 이름과 주소까지 입력되어 있습니다. 이런 정보로부터 키워드를 추출할 수도 있고, 디지털 콘텐츠는 그 콘텐츠가 가지는 특성을 분석하기도 합니다. 이북(e-book)이라면 텍스트를 분석해, 가장 많이 나타나는 키워드 100개를 메타데이터로 활용할 수도 있습니다. 본문에서 예로 든 음원 앱에서는 음원이 가지고 있는 고유한 주파수 중에서 가장 많이 나타나는 주파수를 메타데이터로 사용하기도 합니다. 이런 과정은 모두 프로그램을 통해 동작하기 때문에, 콘텐츠를 등록하는 과정에 프로그램을 거치도록 해서 메타데이터를 입력할 수 있습니다.

Q. SNS 등에서 입력하는 해시태그 기능은 소규모 웹이나 앱에도 사용 가능한가요? 적용하기 어려운 기술인지요?

A. 소규모 웹이나 앱에서도 충분히 적용할 수 있습니다. 적용하기 어려운 기술인지는 설계나 개발자의 역량에 따라 달라지겠지만, 논리적인 구조는 의외로 간단합니다. 아주 간단한 방식은 개발자가 알고리즘 공부를 조금만 한다면, 충분히 구현할 수 있는 논리 구조입니다. 물론 구현에 걸리는 시간은 별개입니다.

Q. 메타데이터를 수집하는 기술에 대해 본문에서 소개한 것 외에 추가적인 사례가 있을까요?

A. 앞서 설명한 선호도 조사로, 메타데이터를 추가로 수집합니다. 영화를 예로 들면 이해가 보다 쉬울 겁니다. 과거에는 액션 장르를 좋아하지만, 최근에 연애를 시작하면서 로맨스 장르가 좋아질 수 있습니다. 사용자가 과거에 좋아했던 액션 장르의 영화를 더 이상 시청하지 않는다는 행동 데이터와 새롭게 시청한 영화의 장르가 모두 로맨스 영화라는 데이터를 결합하면 어떨까요? 점점 화면을 구성하는 영화 중에서 액션 장르의 비중은 줄어들고 로맨스 장르의 비중이 늘어날 겁니다. 다른 사용자의 영향을 받지 않는다는 점이 메타데이터를 이용한 콘텐츠 기반 추천 시스템의 가장 큰 매력입니다. 콘텐츠 기반 추천 시스템의 다른 매력은 다음 장에서 더 확인할 수 있습니다.

Q. 해시태그를 잘 사용하는 방법을 설명해주실 수 있나요? 예를 들어, 문장보다는 키워드로 넣는 게 좋은지, 문장을 넣을 경우 띄어쓰기는 어떻게 하는지 궁금해요.

A. 인스타그램이나 페이스북, 유튜브 등의 SNS에서 사용하는 해시태그는 키워드의 형태가 적절합니다. 그 이유는 검색과 관련이 있는데요. 일반적인 검색 시스템은 단어를 기준으로 특정 문자(단어)를 구분하고 결과를 보여줍니다. 검색 시스템도 최근 10여 년

간 엄청난 발전을 이뤄 오탈자는 물론이고, 어색한 문장이나 잘못된 표현도 컴퓨터 프로그램으로 수정해서 검색할 수 있습니다. 그러나 이런 방식의 접근은 정확한 키워드로 검색하는 것에 비해 원하는 결과를 찾기가 어렵습니다. 그리고 해시태그는 정확한 문자열(문자의 나열)을 기준으로 게시물을 효과적으로 찾기 위한 장치이기 때문에, 가능하면 많이 쓰는 단어형 키워드를 사용하는 게 좋습니다. 같은 맥락에서 문장형 해시태그는 띄어쓰기를 대시(-)나 로우 대시(_)로 대신해서 사용하는데, 같은 키워드를 사용한 다른 게시물이 현저히 적어지므로 문장형 키워드를 해시태그로 사용하는 것은 추천하지 않습니다.

5장
콘텐츠 기반
추천 시스템

앞선 4장에서는 해시태그와 메타데이터에 대해 설명하였습니다. 해시태그는 사진이나 도서 같은 콘텐츠를 분류하기 위해, 사용자가 원하는 대로 붙이는 태그입니다. 사용자가 원하는 대로 태그를 남길 수 있다는 점 때문에, 실제 콘텐츠와 거리가 생길 수 있습니다. 예를 들어 해변에서 찍은 사진에 '#산' '#계곡' 같이 전혀 관계없는 태그도 남길 수 있습니다. 이렇게 해시태그를 이용해서 콘텐츠를 나타내는 것에는 약간의 주의가 필요합니다. 해시태그를 잘 사용하면, 콘텐츠를 분류하는 데에 큰 도움이 될 수 있습니다. 인스타그램과 같은 SNS에서는 해시태그를 통해 원하는 태그의 게시물을 모아볼 수 있습니다. 인스타그램의 탐색 탭에서 '#패션'을 검색하면, 패션과 관련된 콘텐츠가 나타납니다. 이렇게 해시태그를 잘 적용하면, 비슷한 부류의 콘텐츠를 묶어서 한눈에 파악할 수 있습니다.

반면에 메타데이터는 콘텐츠를 위한 데이터입니다. 해시태그와는 달리 게시물 대신 콘텐츠에 포함된 요소를 데이터로 추출하고, 콘텐츠를 분류하는 용도로 사용합니다. 메타데이터는 콘텐츠가 가지고 있는 요소와 콘텐츠를 감상한 사람이 임의로 붙이는 태그를 모두 가질 수 있습니다. 그러나 사람이 임의로 붙이는 메타데이터조차도 콘텐츠와 연관이 있어야 한다는 점이 해시태그와 가장 큰 차이점입니다. 서로 비슷한 듯 다른 이 두 요소는 SNS에서 해시태그로도 사용할 수 있고, 콘텐츠에서 메타데이터로 활용할 수도 있습니다. 예를 들어 웹툰과 웹

소설을 제공하는 카카오 페이지에서는 사용자의 반응을 고유한 메타데이터로 저장하고, 메타데이터를 키워드로 추천합니다. 물론, 카카오 페이지에서는 여전히 사용자가 직접 반응을 입력할 수도 있습니다. 그러나 다른 사용자가 남긴 반응을 모두 종합해서 추천 순서를 결정하기 때문에, 한 명의 사용자가 입력한 해시태그 수준의 메타데이터는 계산 과정에서 제외될 수 있습니다. 이 책에서는 콘텐츠를 분류하는 데에 필요한 데이터를 모두 메타데이터로 표현합니다. 해시태그를 남기더라도 콘텐츠와 연관이 있고, 메타데이터로 사용할 수 있는 해시태그만 사용된다고 이해하면 좋습니다.

콜드 스타트 문제

이 장에서는 협업 필터링의 콜드 스타트Cold Start 문제를 짚어봅니다. 새로운 아이템이 등록되었을 때 기존의 아이템과 새로운 아이템 사이의 유사도를 계산할 수 없는 문제를 '콜드 스타트 문제'라고 합니다. 간단한 예시로 살펴보겠습니다. 세 명의 사용자 A, B, C가 각각 좋아하는 과일을 표시해둔 표가 있습니다. 이 표에 새로운 과일인 키위가 추가된다면, 세 명의 사용자 중에서 누구에게 키위를 추천할 수 있을까요? 새로 추가된 키위는 세 명의 사용자 중 그 누구도 좋아한다고 평가한 사용자가 전혀 없습니다. 따라서 키위는 이 중 누구에게도

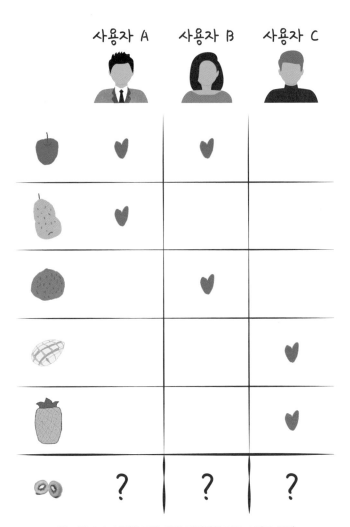

📷 그림 5-1 아이템 기반 협업 필터링의 콜드 스타트 문제

1부_추천 알고리즘을 이해하는 8가지 기본 토대

키위를 추천할 수 없습니다. 이런 문제가 바로 콜드 스타트 문제입니다. '콜드 스타트'라는 표현은 시작 단계에서 얼어붙는다는 아주 적절한 표현입니다.

협업 필터링의 콜드 스타트 문제는 콘텐츠 기반 추천 시스템으로 인해 일부분 극복할 수 있습니다. [그림 5-1]을 보면 사용자 B는 사과와 오렌지를 좋아합니다. 그리고 사과는 단맛과 신맛을, 오렌지는 신맛을 가지고 있습니다. 단맛과 신맛을 메타데이터로 본다면, 사용자 B는 단맛과 신맛을 좋아한다고 평가할 수 있습니다. 따라서 새롭게 추가된 키위는 신맛과 단맛을 모두 가지고 있으므로, 사용자 B에게 추천할 수 있습니다. [그림 5-2]를 참고하기 바랍니다.

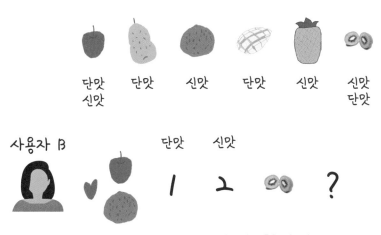

🔼 그림 5-2 메타데이터 기반의 콘텐츠 기반 추천 시스템

이 예시에서 나타낸 모든 과일은 단맛과 신맛을 가지고 있습니다. 단맛과 신맛 중에서 하나만 가지고 있거나 두 가지 맛 모두를 가지고 있습니다. 사용자 B가 좋아하는 과일인 사과와 오렌지의 메타데이터를 헤아려 본다면, 단맛은 한 번, 신 맛은 두 번 나타납니다. 사과의 단맛과 신맛, 그리고 오렌지의 신맛에서 이런 메타데이터를 추출할 수 있습니다. 만약 사용자 B에게 다른 모든 과일을 추천한다면, 과일의 추천 순위는 어떻게 결정될까요? 콘텐츠 기반 추천 시스템에서는 메타데이터로 콘텐츠를 분석하여 적절한 순위를 결정합니다. 새롭게 추가된 키위는 단맛과 신맛을 모두 가지고 있으므로, 키위를 첫 번째로 추천합니다. 파인애플은 신맛만 가지고 있기 때문에 두 번째로, 그리고 단맛을 가진 배와 망고를 세 번째로 추천합니다.

사용자 B의 과일 선호도에 대한 메타데이터를 정리하면, 단맛이 1회, 신맛이 2회로 수집되었습니다. 사용자 B가 가진 메타데이터를 바탕으로 살펴보면, 사용자 B는 신맛을 단맛보다 더 좋아합니다. 신맛이 나는 과일을 두 번 좋아했고, 단맛이 나는 과일은 한 번만 좋아했기 때문입니다. 따라서 신맛에는 2점을 부여하고, 단맛에는 1점을 부여해 계산하면, 손쉽게 다른 과일의 추천 순서를 결정할 수 있습니다. 키위는 단맛과 신맛 모두를 가지고 있기 때문에, 총점은 1점(단맛) + 2점(신맛) = 3점입니다. 파인애플은 신맛만 가지고 있기 때문에 2점이고, 망고와 배는 단맛만 가지고 있으므로 1점입니다. 망고와 배는 계산 결과가 동일하기 때문에, 사전 순으로 나타내면 [그림 5-3]과 같습니다.

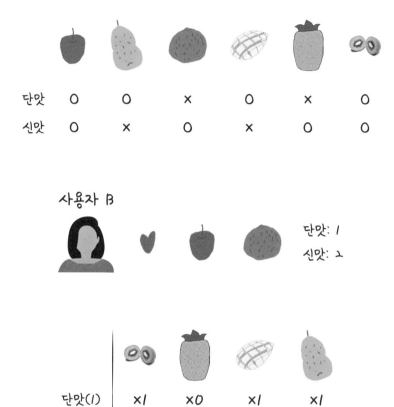

단맛 O O × O × O
신맛 O × O × O O

사용자 β

단맛: 1
신맛: 2

단맛(1)	×1	×0	×1	×1
신맛(2)	×1	×1	×0	×0
결과	3	2	1	1

🔼 그림 5-3 사용자의 선호도와 과일의 메타데이터를 이용한 추천 순위 결정 방법

콘텐츠 기반 추천 시스템

메타데이터는 콘텐츠가 가진 속성에서 추출합니다. 따라서 사용자가 콘텐츠를 좋은 쪽으로든 나쁜 쪽으로든 선택한 적이 있다면, 기존의 콘텐츠에 포함된 메타데이터를 사용자에게 적용할 수 있습니다. 앞선 과일 예시에서, 사용자 B가 좋아하는 과일로 선택한 사과와 오렌지는 단맛과 신맛 중 하나 또는 두 가지의 메타데이터를 가지고 있습니다. 그리고 사용자 B가 선호하는 과일이라고 표현했기 때문에, 사용자 B는 두 과일을 이루는 메타데이터, 단맛과 신맛을 1:2의 비율로 좋아한다고 판단할 수 있는 겁니다. 새롭게 등록된 콘텐츠라고 할지라도, 이 콘텐츠가 가지고 있는 메타데이터가 사용자의 선호도에 이미 반영되어 있다면, 이 사용자의 취향에 맞게 적절히 추천할 수 있습니다. 이런 점에서 콘텐츠 기반 추천 시스템은 협업 필터링의 콜드 스타트 문제를 극복했다고 볼 수 있습니다.

그리고 메타데이터는 사용자 개개인의 선택에 따라, 한 명의 개인에게 종속됩니다. 다시 말해, 콘텐츠를 추천하기 위해 다른 사용자의 메타데이터와 비교하지 않습니다. 그렇기 때문에 개개인에게 특화된 추천을 할 수 있습니다. 추천 시스템이 점점 더 개인화되고, 옆 친구의 넷플릭스 화면에 나타나는 콘텐츠와 내 넷플릭스 화면에 나타나는 콘텐츠의 순서에 차이가 있는 이유가 콘텐츠 기반 추천 시스템을 일부라도 사용하고 있기 때문입니다. 그러나 콘텐츠 기반 추천 시스템이 콜드 스타트 문제를 완전히 해결했다고 말하기엔 조금 부족한 부분이 있습니다. 콘텐츠 기반 추천 시스템도 결국은, 협업 필터링과 마찬가지로 사용자의 취향을 알고 있어야만 콘텐츠를 추천할 수 있기 때문입니다.

다시 말해, 이 추천 방식이 잘 동작하기 위해서는 사용자가 최초 1회에 한해 반드시 참여해야 합니다. 콘텐츠 기반 추천 시스템을 사용하는 서비스를 처음으로 시작하면, 사용자의 참여를 통해 사용자가 선호하는 콘텐츠가 포함하고 있는 메타데이터를 수집합니다. OTT_{Over The Top} 서비스인 넷플릭스나 왓챠, 음원 서비스인 유튜브 뮤직 등에 처음 가입하면, 좋아하는 콘텐츠를 세 가지 이상 선택해야 서비스를 정상적으로 이용할 수 있습니다. 이런 서비스가 가입한 후에 이런 불편한 과정을 생략할 수 없도록 한 데에는 다 그만한 이유가 있었던 겁니다. 이 과정에서 선택한 콘텐츠는 메타데이터를 포함하고 있고, 사용자가 선택한 콘텐츠에 포함된 메타데이터가 사용자의 취향으로 수집됩니다. 새로운 사용자의 취향을 수집하기 위해 이런 방식을 취하지만, 서비스를 많이, 그리고 자주 이용할수록 사용자가 서비스를 이용하며 선택한 콘텐츠에 따라 우선순위가 점점 달라집니다.

이렇게 수집한 사용자의 취향 데이터와 서비스에서 제공하는 콘텐츠의 메타데이터를 기반으로 콘텐츠를 추천하는 방식이 '콘텐츠 기반 추천 시스템'입니다. 콘텐츠 기반 추천 시스템을 조금 더 자세히 들여다보고, 어떻게 활용할 수 있는지, 어떤 문제가 있는지 파악합니다.

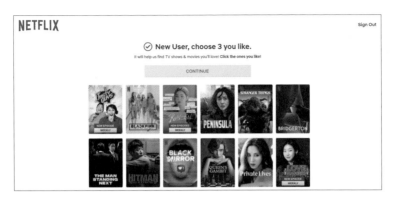

🔼 그림 5-4 넷플릭스에서 사용자의 취향을 수집하는 화면

영화 추천 서비스 예시

간단한 영화 추천 서비스의 예시를 직접 디자인하며, 콘텐츠 기반 추천 시스템을 조금 더 자세히 설명하겠습니다. 영화 추천 서비스를 만들기 위해서는 영화가 가지고 있는 메타데이터에 무엇이 있는지 알고 있어야 합니다. 메타데이터는 콘텐츠 자체에 포함되어 있는 데이터를 활용해 구성할 수 있습니다. 영화의 데이터를 먼저 살펴보면, 제목, 감독, 배우, 상영시간, 장르 등이 포함되어 있습니다. 우리는 이 데이터를 키워드의 형태로 가공해서 메타데이터를 생성합니다.

영화 정보 외에도 메타데이터를 추가할 수 있는 다양한 요소가 있습니다. 영화를 시청한 사용자가 해시태그를 남기듯이 새로운 태그를 추가할 수도 있고, 머신러닝을 이용해 영화 내용이 요약되어 있는 플롯, 영화의 밝기나 명암 등을 분석해 더욱 풍부한 메타데이터를 생성할 수 있습니다. 그러나 여기서는 이해하기 쉽도록 몇 가지 데이터에 대해서만 메타데이터를 만들어 보겠습니다.

먼저, 모든 영화에 대하여 메타데이터가 생성되어야 합니다. 대부분의 영화는 공통적으로 감독과 장르, 언어, 그리고 상영시간이 있으므로 모든 영화의 데이터를 같은 방식으로 가공할 수 있습니다. 이렇게 공통적인 데이터를 사용하면, 새로운 영화가 등록되더라도 같은 규칙을 적용할 수 있습니다. 예를 들어 〈기생충〉의 감독은 봉준호이고, 장르는 코미디, 다크 코미디, 드라마, 스릴러, 미스터리입니다. 언어는 한국어이고, 2시간 12분 동안 상영됩니다. 이 데이터를 "봉준호" "코미디" "다크 코미디" "스릴러" "미스터리" "한국어" "평균 길이"라는 메타데이터로 가공합니다. 이 메타데이터는 〈기생충〉을 표현하는 메타데이터입니다. 영화의 데이터를 바탕으로 메타데이터를 구성했으니, 반대로 메타데이터를 통해서 영화의 데이터를 유추할 수도 있습니다. 예를 들어, "봉준호" "SF" "모험" "변희봉" "안서현" "한국어" "영어" "평균 길이"라는 메타데이터를 통해, 영화를 추측할 수 있습니다. 봉준호 감독의 영화에는 변희봉 배우가 자주 출연합니다. 그러나 안서현 배우와 함께 촬영한 영화는 〈옥자〉밖에 없습니다. 이 외에도 더 많은 데이터가 주어진다면, 어떤 영화를 나타내는지 보다 명확하게 확인할 수 있습니다.

지금은 이해를 돕기 위해, 감독과 장르, 언어의 데이터를 그대로 가져왔습니다. 그러나 이 메타데이터의 키워드는 디자인한 사람이나 일련의 규칙을 통해 결정됩니다. 가공하는 방식이나 규칙에 따라 태그가 숫자와 같은 다른 형태로 나타날 수 있습니다. 설계하는 사람에 따라 추천 시스템의 메타데이터가 달라질 수 있다는 점을 보여주기 위해, 상영시간에 대해서는 1시간 40분보다 길고, 2시간 40분보다 짧은 영화를 "평균 길이"라는 키워드로 변경하였습니다. 만약 상영시간이 1시간 40분보다 짧거나 같으면 "짧은 영화", 2시간 40분보다 길거나 같으면 "긴 영화"로 사용하겠습니다.

〈기생충〉을 좋아하는 사용자 A 예시

콘텐츠 추천을 위해 예시로 든 〈기생충〉 외의 다른 영화에 대해서도, 같은 방식을 적용해 메타데이터를 추출하겠습니다. 여기서 예로 든 영화는 〈옥자〉 〈소스코드〉 〈어바웃타임〉 〈타이타닉〉입니다.

예시로 든 영화 서비스에 처음 가입한 사용자 A가 선호하는 영화로 〈기생충〉을 선택했습니다. 이후 메인 페이지에서 다른 4가지 영화를 사용자 A의 취향에 알맞게 추천하려고 합니다. 이때 4가지 영화의 추천 순서는 어떻게 될까요? 정답부터 말하자면, 사용자 A에게 추천할 영화의 순서는 〈옥자〉 〈소스코드〉 〈어바웃타임〉 〈타이타닉〉입니다.

영화 상세 정보

제목: 기생충
감독: 봉준호
장르: 코미디, 미스터리,
　　　스릴러, 다크 코미디
언어: 한국어
상영시간: 2시간 12분

메타데이터

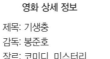
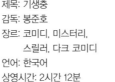

봉준호　코미디
다크코미디　스릴러
미스터리　한국어
평균길이

⬆ 그림 5-5 〈기생충〉의 상세 정보와 메타데이터

봉준호　액션
SF　모험
한국어　영어
평균길이

던컨 존스　액션
로맨스　SF
스릴러　미스터리
영어　짧은 영화

리처드 커티스　로맨스
판타지　로맨틱 코미디
멜로　SF
영어　평균길이

제임스 카메론　로맨스
서사　역사
재난　영어
긴 영화

⬆ 그림 5-6 〈옥자〉〈소스코드〉〈어바웃타임〉〈타이타닉〉의 메타데이터

봉준호　한국어
평균길이

스릴러　미스터리

평균길이

3　　　　　2　　　　　1　　　　　0

⬆ 그림 5-7 각 영화의 메타데이터 중 사용자 A의 취향과 중복되는 메타데이터

한 단계씩 함께 거치면서, 왜 이런 순서로 추천을 하게 되었는지 파악해 보겠습니다. 먼저, 〈기생충〉의 메타데이터와 각각의 영화가 가지고 있는 메타데이터를 비교하여 공통된 메타데이터만 남겨보겠습니다. 〈옥자〉는 세 개(봉준호, 한국어, 평균 길이), 〈소스코드〉는 두 개(스릴러, 미스터리), 〈어바웃타임〉은 한 개(평균 길이), 〈타이타닉〉은 0개의 메타데이터가 남습니다.

모든 메타데이터가 동일한 정도(가중치)만큼만 추천에 영향을 끼친다면, 사용자 A에게 추천하는 영화의 순서는 〈옥자〉〈소스코드〉〈어바웃타임〉〈타이타닉〉 순입니다. 〈타이타닉〉은 사용자 A가 좋아하는 메타데이터와 공통되는 메타데이터가 없으므로 가장 마지막에 추천하거나 또는 추천 리스트에서 아예 빼 버릴 수도 있습니다. 그러나 이 서비스는 영화를 추천하여 사용자가 더 많은 영화를 시청하도록 하는 게 목표이기 때문에, 추천 리스트에서 제외하지 않습니다.

〈어바웃타임〉을 좋아하는 사용자 B 예시

이번에는 다른 신규 사용자 B를 살펴보겠습니다. 신규 사용자 B는 〈어바웃타임〉을 가장 좋아하는 영화로 선택하였습니다. 〈어바웃타임〉이 가지고 있는 메타데이터는 감독 데이터인 "리처드 커티스" 장르 데이터인 "로맨스" "판타지" "로맨틱 코미디" "멜로" "SF" 언어 데이터인 "영어" 그리고 상영시간에 해당하는 "평균 길이"가 있습니다.

1부_추천 알고리즘을 이해하는 8가지 기본 토대

영화 상세 정보

제목: 어바웃타임
감독: 리처드 커티스
장르: 로맨스, 판타지, SF,
　　　멜로, 로맨틱 코미디
언어: 영어
상영시간: 2시간 4분

메타데이터

리처드 커티스	로맨스
판타지	로맨틱 코미디
멜로	SF
영어	평균 길이

⬆ 그림 5-8 〈어바웃타임〉의 상세 정보와 메타데이터

⬆ 그림 5-9 각 영화의 메타데이터 중 사용자 B의 취향과 중복되는 메타데이터

　　사용자 A가 선호하는 영화로부터 나머지 영화의 추천 순서를 결
정했듯이, 사용자 B에게도 나머지 영화를 추천한다면, 어떤 순서로 영
화를 추천하는 게 적절할까요? 정답을 먼저 말하자면, 〈소스코드〉〈옥
자〉〈타이타닉〉〈기생충〉 순서로 영화를 추천할 겁니다. 그 이유를 같
이 살펴보겠습니다.

사용자 B는 〈어바웃타임〉을 좋아하는 영화로 선택했으므로, 사용자 B가 좋아하는 메타데이터는 〈어바웃타임〉이 포함하고 있는 메타데이터와 같습니다. 〈어바웃타임〉이 가지고 있는 메타데이터와 다른 영화들이 가지고 있는 메타데이터를 비교하여, 중복된 메타데이터만 남기고 그 수를 헤아립니다. 그 결과, 사용자 B에게는 〈소스코드〉〈옥자〉〈타이타닉〉〈기생충〉 순서로 영화를 추천합니다. 여기서 〈소스코드〉와 〈옥자〉는 남아 있는 메타데이터의 수가 같아 사전 순으로 나열했습니다.

필터 버블(콘텐츠 편식)

콘텐츠 기반 추천 시스템은, 콘텐츠가 가지고 있는 메타데이터를 기반으로 사용자의 선호도를 수집합니다. 그리고 수집된 사용자의 메타데이터와 각 콘텐츠의 메타데이터를 비교하여 우선순위를 정한 뒤 콘텐츠를 추천합니다.

영화 서비스 예시를 통해 콘텐츠 기반 추천 시스템의 문제점을 발견할 수 있습니다. 사용자 A의 메타데이터로 수집된 정보가 〈기생충〉과 같은 메타데이터밖에 없기 때문에 〈타이타닉〉은 중복되는 메타데이터가 전혀 없어 추천 리스트에서 제외될 수 있습니다. 여러 개의 영화를 선택하는 경우에도, 사용자의 취향이 확고할수록 사용자의 취향과 거리가 먼 영화는 추천하기 어렵습니다. 이런 문제를 '필터 버블 Filter Bubble'이라고 합니다. 필터 버블은 쉽게 말해 콘텐츠 편식입니다. 사용자가 선택한 메타데이터를 기반으로 콘텐츠를 추천하다 보니, 추천되는 콘텐츠가 사용자의 시야를 좁게 만들 수 있습니다. 액션과 로맨스를 좋아하는 사람이 액션 장르의 영화에 [좋아요]를 눌렀다면, 로맨스 장르의 신작 영화가 나오더라도 이 신작의 추천순위가 뒤로 밀리게 되는 겁니다. 물론 이런 문제를 해소하기 위한 다양한 연구가 진행되고, 서비스마다 다양한 방식으로 테스트하고 있습니다.

다른 문제도 있습니다. 사용자가 선택한 콘텐츠가 사용자의 취향을 명확하게 대변할 수 있을까요? 직관의 힘을 빌려서 영화 추천 서비스를 살펴보겠습니다. 사용자가 로맨스 〈라라랜드〉를 좋아한다고 해서, 같은 로맨스 장르가 포함되어 있다는 이유만으로 〈소스코드〉를 좋아한다고 판단할 수 있을까요? 만약 이 사용자가 SF를 좋아하지 않는다면, 〈소스코드〉를 추천하는 게 맞는 걸까요, 추천하지 않는 게 맞는 걸까요? 사용자의 취향이 사용자가 선택한 콘텐츠에 의해 결정되니, 사용자가 자신의 취향을 행동 데이터로 보여주기 전까지는 〈소스코드〉를 계속 추천하게 될 겁니다.

콘텐츠 기반 추천 시스템은 사용자가 선택한 내용을 반영하기 때문에, 다른 사람의 평가가 포함되지 않습니다. 예를 들어 신작 〈기생충〉이 천만 관객을 돌파하여 대중성이 증명된 영화라 하더라도 사용자가

〈타이타닉〉의 메타데이터와 같다면, 콘텐츠 기반 추천 시스템은 이 사용자의 메타데이터와 〈기생충〉의 메타데이터에 일치하는 항목이 전혀 없으므로 영화를 추천하지 않습니다.

실제 서비스는 모든 사용자에 대한 개개인의 메타데이터와 모든 콘텐츠의 메타데이터를 비교해야 합니다. 이 과정은 아주 큰 저장 공간을 필요로 합니다. 그러나 이 장에서 영화 추천 서비스를 설명하기 위해 한 명의 사용자에 대하여 다른 모든 콘텐츠를 비교했습니다. 이처럼 모든 사용자와 모든 콘텐츠에 대한 큰 행렬을 모든 사용자와 특정 콘텐츠 또는 한 명의 사용자와 모든 콘텐츠의 형태를 가지는 작은 행렬로 나누는 것을 '행렬분해'라고 합니다.

이렇게 콘텐츠 기반 추천 시스템은 개인 맞춤 추천에는 특화되어 있지만, 사용자의 시야를 좁히고 대중성과는 거리를 멀게 할 수 있습니다. 개인 맞춤 추천을 잘하기 때문에 패션 쇼핑몰에서 사용하기에 적합할 수 있지만, 뉴스 기사와 같이 사회가 어떻게 돌아가는지 파악하기 위한 정보 수집을 목적으로 하는 곳에는 부적합할 수 있습니다. 이 책을 천천히 읽다 보면, 이런 문제를 해결하기 위해 어떤 연구가 진행되었는지, 어떤 방식으로 이런 문제를 해결하려고 노력하고 있는지 파악할 수 있습니다. 동시에, 적용된 추천 시스템을 거꾸로 유추하여 서비스에 적용된 추천 시스템을 이용할 수 있을지도 모릅니다.

이 장에서는 4장에서 설명한 메타데이터를 이용하여 콘텐츠 기반 추천 시스템을 설명하였습니다. 다음 장에서는 앞서 발견한 문제점을 해소하기 위한 새로운 아이디어, 모델 기반 협업 필터링을 설명합니다. 모델 기반 협업 필터링은 딥러닝과 머신러닝을 이용해 보다 복잡한 계산으로 추천하는 모델을 만들고, 이 모델에 따라 추천할 콘텐츠나 아이템의 순서를 결정합니다. 다소 복잡한 내용일 수 있지만, 어려운 이야기는 최대한 빼고 이야기하겠습니다.

Q. 콜드 스타트 문제는 콘텐츠 기반 시스템으로 극복되었다고 봐도 될까요?

A. 콜드 스타트 문제를 완전히 극복한 건 아닐지도 모릅니다. 기존의 사용자에게 새로운 콘텐츠를 추천하는 경우에 대해서는 해소가 되었지만, 새로운 사용자가 추가되었을 때에는 사용자의 취향을 수집해야 하는 한계가 여전히 남아있기 때문입니다.

Q. 이 책에서 제시된 과일의 맛을 또 다른 기준으로 사용하였는데, 이런 기준은 만드는 사람마다 약간씩 다르지 않을까요? 이런 기준을 잘 설정할 수 있는 규칙 같은 것은 없나요?

A. 메타데이터를 추출할 때에는 다루는 아이템의 성격에 따라 그 기준이 달라집니다. 앞서 예를 든 것처럼 영화 추천 서비스에서 다루는 콘텐츠는 모두 '영화'라는 공통점이 있습니다. 따라서 모든 영화가 가질 수밖에 없는 기준을 세우는 게 좋습니다. 과일 예시를 조금 더 복잡하게 하면 좀 더 이해가 쉬울 겁니다. 당도를 측정할 때에는 브릭스(Brix)라는 단위를 사용합니다. 만약 예시처럼 서로 다른 과일이 아니라, 다른 품종의 포도라면 어떨까요? 대부분의 포도는 당도에 따라 품종을 구분할 수 있으므로 당도를 수치로 나타내서 추천할 수 있습니다. 사용자가 가장 높은 당도의 포도를 선호한다면, 그다음에 추천될 포도는 두 번째로 높은 당도를 가진 품종이 될 겁니다. 이렇게 추천하려는 콘텐츠의 성격에 알맞은 기준을 세우는 게 중요합니다.

Q. 영화 추천 서비스를 만들기 위해 가입을 할 때 좋아하는 영화나 드라마를 선택하게끔 한다고 하였는데, 이 부분은 반드시 사용자가 선택을 해야만 효과가 있겠네요? 사용자가 선택을 하지 않으면 어떻게 되나요?

A. 콘텐츠 기반 추천 시스템을 이용하기 위해서 반드시 처음 가입할 때 좋아하는 콘텐츠를 선택하게 만들 필요는 없습니다. 어차피 서비스를 계속해서 이용할 사용자라면, 가입해서 스스로 좋아하는 콘텐츠를 먼저 찾아볼 것이기 때문입니다. 그러나 콘텐츠 기반 추천 시스템을 적용한 서비스를 제공하는 회사들이, 대부분 첫 화면에서 콘텐츠를 선택하게 하는 것에는 이유가 있습니다. 사용자가 처음에는 조금 번거로울지 몰라도, 사용자가 이 단계를 잘 넘어가면 더 쉽고 편리하게 서비스를 이용할 수 있기 때문입니다. 사용자가 더 쉽고 편하게 서비스를 사용한다면, 서비스를 더 오래 이용하게 되고, 결국 서비스의 가치는 더욱 높아지게 됩니다. 따라서 이 서비스들은 사용자가 콘텐츠를 선택하지 않으면, 일부 서비스를 이용하지 못하도록 제한하고 있습니다. 유튜브 뮤직의 경우 검색을 통한 노래 재생은 가능한데, 앱을 실행할 때마다 선호하는 음악을 선택하도록 계속해서 같은 화면을 노출합니다.

Q. 만약 배달 서비스에 콘텐츠 기반 추천 시스템을 적용한다면 어떤 방식을 적용할 수 있을까요?

A. 음식은 그 종류가 굉장히 다양하고, 같은 종류의 음식이라고 하더라도 식당마다 그 맛에 차이가 있습니다. 만약 프랜차이즈와 같이 전국의 모든 매장에서 같은 맛을 제공할 수 있는 회사라면, 콘텐츠 기반 추천 시스템을 적용해 사용자가 선호하는 음식을 추천할 수 있습니다. 그러나 앞서 이야기한 문제와 더불어, 배달 서비스는 대체로 광고비를 통해 수익을 창출합니다. 광고비는 음식의 맛이나 식당의 서비스와는 관계없이 지역 내의 광고비에 따라 광고를 노출할 순서를 결정할 수 있습니다. 만약 배달 서비스에 콘텐츠 기반 추천 시스템을 적용한다면, 식당이나 메뉴 자체에 적용하기보다는 광고 시스템에 콘텐츠 기반 추천 시스템을 적용하는 게 더 나을 것 같습니다. 치킨을 좋아하는 사용자에게는, 이 사용자가 한식 메뉴를 보고 있더라도 치킨 광고를 노출하는 것이 클릭률을 높일 수 있는 하나의 방법이 될 수 있기 때문입니다.

추천 알고리즘의 과학

6장
프로그래밍으로
구현한 무의식:
모델 기반 협업 필터링

5장에서는 콘텐츠 기반 추천 시스템에 대해 설명했습니다. 이것으로 여러분은 선호도 조사와 선호도 조사를 이용한 협업 필터링, 그리고 메타데이터와 메타데이터를 이용한 콘텐츠 기반 추천 시스템까지 알게 되었습니다. 협업 필터링과 콘텐츠 기반 추천 시스템은 이용하는 데이터에 약간의 차이가 있지만 추천을 하기 위해 거치는 단계는 매우 유사합니다. 먼저, 선호도 조사나 메타데이터와 같은 특정 데이터를 사용자로부터 수집하고, 수집한 결과를 바탕으로 일련의 계산과정을 거칩니다. 마지막으로, 그 결과에 부합하는 아이템이나 콘텐츠를 추천합니다. 이와 같이 사용자와 아이템 사이의 관계를 통해 사용자에게 가장 적합한 아이템을 걸러내어 추천하는 방식을 '정보 필터링'이라고 합니다.

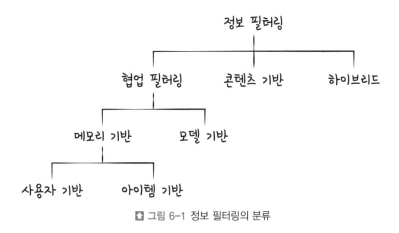

🔼 그림 6-1 정보 필터링의 분류

정보 필터링은 '협업 필터링'과 '콘텐츠 기반 추천 시스템', 그리고 두 가지 방식을 적절히 섞어 사용하는 '하이브리드 추천 시스템'으로 나뉩니다. 그리고 협업 필터링은 다시 '메모리 기반 협업 필터링'과 '모델 기반 협업 필터링'으로 나뉩니다. 메모리 기반 협업 필터링은 앞서 설명한, '사용자' 또는 '아이템'을 기반으로 적용하는 협업 필터링을 말합니다. 정보 필터링 중에서 아직 설명하지 않은 방식이 딱 하나 남았습니다. 이 장에서는 정보 필터링의 마지막 방식, '모델 기반 협업 필터링'을 설명합니다.

KNN 알고리즘

사람에게는 당연하다고 여겨지는 것들이, 컴퓨터 같은 기계에게는 그렇지 않을 수 있습니다. 예를 들어, 1+1은 사람에게도 컴퓨터에게도 2입니다. 사람이 생각하기에 사과와 배는 비슷하게 생겼지만 전혀 다른 과일입니다. 그러나 컴퓨터가 인식하기에 사과와 배는 비슷하게 생겨서 하나로 묶어서 사과라고 판단할 수도 있습니다. 여기서 컴퓨터는 배를 조금 더 큰 사과라고 결론짓는 겁니다. 흔히 이미지 인식 기술에서 말하는 인식률은 사과와 배를 명확히 구분하는지, 아니면 같은 과일로 판단하는지와 같은 몇 가지 기준에 따라 결정됩니다. 인식률이 높다면 사과와 배를 잘 구분하고, 인식률이 낮다면 사과와 배를 잘 구분하지 못하는 겁니다. 사람에게는 아주 간단하게 해결되는 일을 컴퓨터에게 시키기 위해서는, 사람의 뇌에서 일어나는 아주 복잡한 일을 컴퓨터에게 가르쳐 주어야 합니다. 사람은 정보를 통해 사물이나 개념을 인식하는데, 컴퓨터는 이 정보를 해석할 수 없기 때문입니다. 다행히도 사람이 받아들이는 정보는 모두 데이터로 이루어져 있고, 이 정보를 이루고 있는 데이터를 컴퓨터에게 전달할 수 있습니다. 이런 데이터의 조합에 따라, 받아들인 정보가 사과인지 배인지를 결정한다는 사실을 컴퓨터에게 전달하는 것으로 컴퓨터를 학습시킵니다. 이런 과정을 데이터 마이닝(데이터 추출)과 딥러닝, 그리고 머신러닝(기계학습)이라고 합니다.

여기서 말하는 모델은 데이터 마이닝이나 머신러닝 알고리즘을 사용해 개발되어, 사용자가 평가하지 않은 아이템에 대해 어떤 평가를 내릴지 예측하는 일을 합니다. 주로 메모리 기반 협업 필터링의 견고함과 정확성을 향상하기 위해 보완하는 역할로 사용됩니다. 이 장에서는 대표적인 모델 기반 협업 필터링인 잠재 요인 모델(Latent factor model)을 적용한 협업 필터링을 소개합니다. 이 과정에서는 KNN 알고리즘, 행렬분해, 통계 등 다양한 지식이 필요하므로, 찬찬히 살펴보겠습니다.

협업 필터링은 기본적으로 '최근접 이웃 알고리즘'과 '잠재 요인 모델'로 구분할 수 있습니다. 여기서 최근접 이웃 알고리즘은 KNN 알고리즘K-Nearest Neighbors Algorithm을 뜻합니다. 최근접 이웃 알고리즘은 쉽게 말해, 나와 가장 비슷한 취향을 가진 다른 사용자를 참고해서 아이템을 추천한다는 말입니다. 앞서 설명했던 사용자 또는 아이템 기반 협업 필터링은 유사도를 계산하고, 계산의 결괏값으로 다른 사용자 또는 다른 아이템과의 유사도를 측정할 수 있었습니다. 이렇게 찾은 비슷한 취향의 아이템을 추천하는 걸로 추천 시스템이 동작하였습니다. 그러나 KNN 알고리즘을 보다 명확하게 적용하기 위해서는 전체 사용자 또는 아이템을 일련의 기준에 맞춰 2차원 또는 3차원 그래프 위에 분류해야 합니다. KNN 알고리즘을 조금 더 쉽게 이해하기 위해, 감귤을 예시로 살펴보겠습니다. 제주에서 생산되는 다양한 감귤을 외형과 색상에 따라 구분하여 그래프에 나타내고, 새로운 감귤을 그래프에 위치시키려고 합니다.

제주에서 생산되는 감귤은 그 종류가 다양하지만, 이번 예시에서는 레드향, 천혜향, 청견, 황금향, 한라봉을 사용하겠습니다. 조금 명확한 구분을 위해, 모든 감귤을 가로 또는 세로의 길이와 빨강 또는 노랑 정도에 따라 임의로 나누겠습니다. 예시를 위한 가정이므로 실제와는 차이가 있을 수 있습니다. 먼저, 레드향은 가로가 길고 색이 붉습니다. 천혜향은 레드향에 비해 구의 형태에 가깝지만 가로가 약간 더 길고, 색깔이 덜 붉습니다. 청견은 오렌지처럼 구의 형태와 매우 가깝고, 색깔이 노랗습니다. 황금향은 가로에 비해 세로가 약간 더 길고, 붉은빛을 띱니다. 마지막으로 한라봉은 색깔이 노랗고 꼭지 부분이 튀어나와 가로보다 세로가 훨씬 깁니다.

이렇게 감귤을 그 외형에 따라 구분하여 2차원 그래프에 나타내면 KNN 알고리즘을 적용하기 위한 준비가 되었습니다. [그림 6-3]을 확인하기 바랍니다. 이 그래프에 [그림 6-4]의 새로운 감귤 x를 추가하려고 합니다. 새로운 감귤 x는 레드향보다 노랗고 청견보다 붉습니다. 그리고 세로보다 가로가 약간 더 길다고 합니다. 이 새로운 감귤은 위의 예시로 든 다섯 종류의 감귤 중 하나입니다. 감귤 x의 품종은 무엇일까요?

새로운 감귤 x를 앞서 정리해둔 그래프에 놓아보겠습니다. 감귤 x는 레드향보다 노랗고, 청견보다 붉다고 했으니 천혜향과 황금향, 한라봉의 색깔에 가깝습니다. 또, 세로보다 가로가 약간 더 길다고 했으므로 가운데보다 약간 오른쪽으로 치우치게 놓아야 합니다.

이때, 감귤 x와 가장 가까이 있는 감귤은 천혜향입니다. 따라서 감귤 x는 [그림 6-5]와 같이 천혜향으로 분류할 수 있습니다. 이렇게 그래프 위에 놓인 위치에 따라, 가장 가까운 이웃을 검사하여 분류하는 알고리즘이 KNN 알고리즘입니다. 이 방식과 더불어 유사도를 기반으로 계산하면, 우리가 앞서 이해한 사용자 또는 아이템 기반 협업 필터링의 정확도를 더 높일 수 있습니다.

⬆ 그림 6-2 제주도에서 생산되는 다양한 감귤

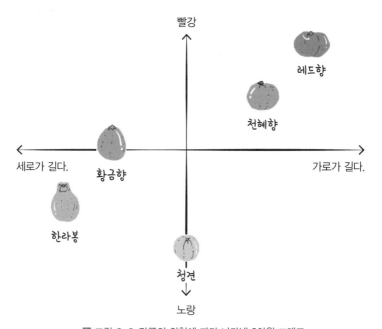

⬆ 그림 6-3 감귤의 외형에 따라 나타낸 2차원 그래프

x

⬆ 그림 6-4 새로운 감귤 x

6장 프로그래밍으로 구현한 무의식: 모델 기반 협업 필터링

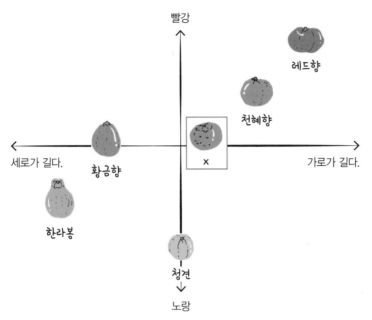

그림 6-5 감귤의 외형에 따라 나타낸 2차원 그래프 위에 놓인 감귤 x

잠재 요인 모델 기반 협업 필터링

이번에는 잠재 요인 모델 기반 협업 필터링을 살펴보겠습니다. 잠재 요인은 사용자의 선택에 영향을 주는, 명시되지 않은 모든 요인을 뜻합니다. 만약 세상의 모든 과일에 대하여 사용자가 선택한 과일이 모두 감귤류라면, 이 사용자가 선택하지 않은 과일 중 감귤류에 속하는 과일을 추천하는 것이 가장 합리적입니다. 너무 추상적으로 여겨질 수 있을 거 같아서, 조금 어려운 상황을 떠올려 보겠습니다. 대부분의 사람들은 교육을 통해 윤리적/도덕적 사고를 기릅니다. 당신의 눈앞에서 누군가가 무단횡단을 한다면, 무단횡단을 하던 이 사람은 잘못된 행동을 한 걸까요? 그렇습니다. 우리는 어렸을 때부터 무단횡단을 하면 안 된다고 학습하며, 법으로써 규제되고 있다는 사실을 알고 있기 때문입니다. 만약 어릴 때부터 정글에서 혼자 살아남은 타잔이 현대문명을 처음 만났다면, 타잔의 무단횡단은 잘못된 행동일까요? 아닙니다. 타잔은 현대 사회의 교육과 혜택을 받지 않았기 때문에, 차도를 횡단한다는 개념이 존재하지 않고, 동시에 모르고 저지르는 죄는 정상참작이 된다는 점을 고려할 수 있습니다. 타잔의 행동이 옳은 행동은 아니었으나, 교육을 통해 잘못된 행동이라는 것을 학습하고 추후에는 그러지 않도록 교육받을 수 있습니다.

앞서 무단횡단한 사람의 행동은 잘못된 행동이었고, 정글에서 홀로 살아온 타잔의 무단횡단은 잘못된 행동이 아니었습니다. 우리는 이 두 사람의 동일한 행동에서, 첫 번째 경우에서는 명시되지 않았던 외부 요인에 따라 두 번째 경우인 타잔의 행동을 정당화하였습니다. 이처럼 잠재 요인은 명시되진 않았지만, 인간의 판단에 영향을 끼치는 모든 요인을 말합니다. 안개가 자주 끼는 지역에서는 커피 소비량이 높다거나, 맑은 날씨에는 긍정적인 표현을 자주한다는 통계를 이용해 추천 시스템을 구현할 수도 있습니다.

6장_프로그래밍으로 구현한 무의식: 모델 기반 협업 필터링이처럼 사용자의 데이터를 통해 바로 확인할 수는 없지만, 사용자 개개인이 가지고 있는 숨겨진 특징을 잠재 요인이라고 합니다. 그리고 이런 잠재 요인을 추천에 활용하는 모델이 잠재 요인 모델입니다.

행렬분해와 모델 기반 추천 시스템

추천에 활용할 수 있는 잠재 요인은 그 종류가 매우 다양하고, 어떤 특성을 찾아내기 위해서는 더욱 다양한 부분에서 관찰이 필요합니다. 잠재 요인 모델을 적용한다면, 사용자 한 명의 취향을 분석하기 위해 아주 다양하고 많은 데이터가 필요합니다. 예를 들어 영화 추천 서비스에서는 사용자가 시청한 영화와 [좋아요] 버튼을 누른 영화, 시청을 시작했지만 중간에 시청을 종료한 영화, 중간에 시청을 종료했고 한 달이 넘도록 방치된 영화, 중간에 시청을 종료했다가 일주일 내에 다시 시청한 영화 등이 사용자의 현상태를 특징짓는 요소가 될 수 있습니다. 뿐만 아니라 암묵적 피드백을 이용한다면, 플레이 리스트에 담아두거나 상세 설명을 열람하는 등의 행동 패턴도 사용자의 특성에 영향을 줄 수 있습니다. 이렇게 잠재 요인으로부터 사용자 또는 아이템의 특성을 찾아내는 잠재 요인 모델 기반 협업 필터링은, 행렬분해(Matrix factorization)를 통해 사용자와 아이템의 특성을 찾아냅니다.

🔼 그림 6-6 사용자와 아이템 사이의 관계를 나타낸 행렬

6장_프로그래밍으로 구현한 무의식: 모델 기반 협업 필터링

🔺 그림 6-7 행렬분해를 통해 나누어진 특정한 구조의 행렬

행렬분해는 하나의 행렬을 특정한 구조를 가진, 보다 단순한 다른 행렬의 곱으로 나타내는 것을 의미합니다. 예를 들어 사용자와 아이템 사이의 관계를 나타낸 행렬이 있을 때, 한 명의 사용자와 여러 아이템 또는 하나의 아이템과 여러 사용자로 이루어진 행렬로 분해하는 방식입니다.

잠재 요인 모델 기반 협업 필터링에서의 행렬분해는 그 목적이 조금 다릅니다. 잠재 요인 모델에서는 아이템의 점수가 나타나는 일련의 패턴을 통해 사용자와 아이템의 특성을 찾아내어 머신러닝을 통해 학습시키기 위해 행렬분해를 사용합니다. 아이템과 사용자의 상관관계가 깊을 경우, 예측에 대한 정확도가 높고 확장성이 좋습니다. 앞서 설명한 추천 시스템들은 수집한 데이터에 크게 의존하는 데에 반해, 행렬분해는 추가적인 데이터를 찾아낼 수 있기 때문에 새로운 정보를 찾아 통합할 수 있습니다. 예를 들어 영화를 검색하는 경우, 영화 제목이나 배우 이름 등 검색 키워드로 사용하는 데이터를 통해 사용자의 흥미를 유발하는 요소가 무엇인지 유추할 수 있습니다. 그리고 이런 과정은 입력 데이터에 따라 다르고, 데이터를 분석하는 사람에 따라 달라질 수 있습니다.

이 과정을 위해 다양한 방식으로 암묵적 피드백을 디자인하고 활용할 수 있습니다. 일반적으로 암묵적 피드백은 가장 간단한 방식으로 데이터를 수집합니다. 이커머스에서 상품의 상세 페이지를 열람했는지, 해당 상품을 장바구니에 담았는지, 비슷한 다른 상품을 클릭했는지 등을 참과 거짓으로 구분합니다. 그 외에도 브라우저의 어느 위치에 있는 상품을 주로 클릭하는지, 스마트폰의 화면에서 어느 부분을 터치하는지에 대한 데이터도 암묵적 피드백으로 활용할 수 있습니다. 클릭이나 터치와 같은 노출된 상품을 선택하는 데이터를 활용한 가장 대표적인 예가 바로 이커머스에서 노출되는 상품의 순서입니다. 이커머스 A는 특정 위치에 노출되는 상품의 클릭률이 높은 것을 바탕으로 상품의 광고 위치를 선정했고, 이커머스 B는 사용자의 패턴에 따라 특정 위치에 광고를 노출합니다. 이 두 방식 중 어떤 방식이 더 낫다고 단정 지을 수는 없습니다. 개인의 패턴을 분석하는 일은 사용자가 많을수록 요구되는 리소스가 더 많이 필요하기 때문입니다.

행렬분해는 잠재 요인 모델을 기반으로 작성된 2차원 공간에 사용자와 아이템을 놓습니다. 앞서 예로 든 감귤을 분류한 것처럼 말입니다. 단지 이번에는 감귤의 외형을 기준으로 삼은 것이 아니라 잠재 요인을 기반으로 그래프를 작성합니다. 그 위에 잠재 요인에 따라 구분된 사용자와 아이템의 위치를 결정합니다. 사용자와 아이템이 놓인 위치에 따라 아직 평가하지 않은 아이템에 대한 사용자의 관심을 나타냅니다. 어떤 요소를 기반으로 사용자와 아이템을 2차원 공간에 분류하였다고 가정하겠습니다. 사용자 A는 아이템 1과 2가 놓인 위치와 가깝습니다. 이때 새로운 아이템이 사용자 A 근처에 놓이게 된다면, 추천 시스템은 새로운 아이템을 사용자 A에게 추천할 수 있습니다.

잠재 요인 모델 기반 협업 필터링의 경우, 앞서 설명한 메모리 기반 협업 필터링이 가지고 있는 콜드 스타트 문제를 해결할 수 있습니다. 새로운 아이템이 추가되더라도, 어떤 위치의 사용자에게 추천할 수 있을지 예측할 수 있기 때문입니다.

그러나 사람의 취향이나 아이템의 매력은 시간의 흐름에 따라 변화합니다. 화장품을 주로 구매하던 젊은 여성과 게임기를 주로 구매하던 젊은 남성이 몇 년 후 육아용품만 구매하게 되는 것처럼 말입니다.

광고 ➊　　　광고 ➊

⬆ 그림 6-8 고정된 위치에 광고를 노출하는 이커머스

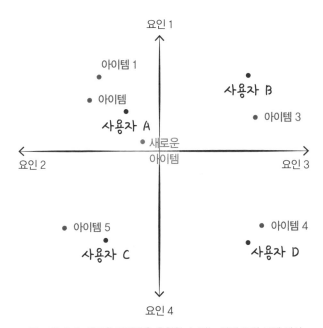

⬆ 그림 6-9 새로운 아이템을 추천할 수 있는 잠재 요인 모델 예시

추천 시스템을 설계하고 연구하는 사람은 시간에 따라 변화하는 사용자와 아이템 사이의 관계를 설명하기 위해 노력했습니다. 이런 추천 시스템을 '시간적 추천 시스템'이라고 합니다. 이 추천 시스템은 점점 더 다양한 형태의 연구와 시도가 이뤄지는 분야입니다.

여러분은 이번 장을 통해 협업 필터링이 메모리 기반 또는 모델 기반으로 나뉜다는 사실을 알게 되었습니다. 그리고 협업 필터링과 콘텐츠 기반 추천 시스템이 정보 필터링이라는 조금 더 큰 단위로 묶여 있다는 것도 설명하였습니다. 이어지는 장에서는 정보 필터링에서 아직 설명하지 않은 영역인 하이브리드 추천 시스템에 대해 설명합니다. 하이브리드 추천 시스템은 협업 필터링의 장점과 콘텐츠 기반 추천 시스템의 장점을 적절히 융합해 추천하는 시스템입니다. 때로는 협업 필터링에 메타데이터를 사용하기도 하고, 콘텐츠 기반 추천 시스템을 구현한 뒤 협업 필터링으로 아이템을 추천하기도 합니다. 다음 장에서는 페이스북의 친구가 좋아하는 게시물이 내게 추천되는 과정을 하이브리드 추천 시스템으로 설명합니다.

Q. 최근접 알고리즘인 KNN 알고리즘은 상당히 흥미로운데요. KNN을 활용한 사례를 알려줄 수 있나요?

A. KNN 알고리즘은 적용하는 기준에 따라 아주 다양하게 사용할 수 있습니다. 이미지 인식 기술에 KNN 알고리즘을 적용한다면 청소년 유해 이미지를 차단할 수 있습니다. 가장 유사한 사례를 추천하기 위해 KNN 알고리즘을 적용한 적조 예측 모니터링 시스템이나 단기 교통상황 예측을 위한 연구에서도 사용한 적이 있습니다. 뿐만 아니라, KNN 알고리즘은 '알고리즘'이기 때문에, 문제를 해결하는 데에 적합한 방법으로써 다양하게 사용될 수 있습니다.

Q. 감귤 x를 2차원 그래프에 놓는 것은 우리의 머릿속으로 생각해서 이쯤이 좋겠다고 해서 놓은 거잖아요. 그런데 사용자가 평가하지 않은 아이템을 우리가 일일이 사람의 머리를 빌려 위치를 지정해주어야 하는지요?

A. 아닙니다. 컴퓨터는 그렇다(Yes, True)와 아니다(No, False)로 사물을 구분합니다. 다시 말해, 감귤 x를 그래프에 위치시키기 위해서는 일련의 과정을 따라 True와 False의 나열이 생기기 마련입니다. 위 예시에서는 "레드향보다 노란색을 띠는가?"라는 질문에 Yes(True)로 답을 하였습니다. 그리고 "청견보다 붉은 빛을 띠는가?"라는 질문에도 Yes(True)라고 답을 했습니다. 이렇게 일련의 질문으로 위치를 찾아갈 수 있습니다. 결론에 도달할 수 있도록 일련의 분기를 미리 작성해두면, 사람의 머리를 빌리지 않더라도 얼마든지 사용자가 평가하지 않은 아이템도 위치를 지정할 수 있습니다.

Q. 머신러닝을 통한 학습은 데이터 값을 주어야 한다고 알고 있습니다. 예를 들어, 바둑의 기보를 데이터화하여 머신러닝 시스템에 제공하면 그 기보를 가지고 학습을 하는 것과 비슷하지 않나요? 그렇다면, 추천 시스템의 경우 머신러닝 모델에 데이터를 어떤 형태로 제공하나요?

A. 머신러닝에 데이터가 필요하다는 내용은 일부는 맞고, 일부는 틀립니다. 실제 추천 시스템에 사용하는 형태의 머신러닝은 정답을 알고 있는 데이터 세트가 충분히 있어서, 지도학습을 통해 일어나지 않은 상태에서 예측과 추천을 가능하게 하는 형태입니다. 질문에서 나타난 바둑의 기보 데이터를 이용해 다음 수를 예측하는 형태의 머신러닝을 강화학습이라고 합니다. 강화학습은 행동규칙이 정해진 플레이에서, 최선의 수를 찾아내는 것이 목표인 학습방법입니다. 조금 정정하겠습니다. 정확히 말하자면 강화학습에는 데이터가 필요 없습니다. 시도해보고, 데이터를 수집하고, 최선의 선택이 무엇인지 찾아나가는 형태의 학습법이 강화학습이기 때문입니다. 만약 따로 기보 데이터를 전달하였다면, 강화학습보다는 지도학습에 더 가깝습니다. 기보 데이터로 학습을 진행한 알파고 마스터와 어떤 데이터도 없이 자가 대국을 2900만 판을 실시한 알파고 제로의 대결은 매우 유명합니다. 강화학습의 대표인 알파고 제로는 89대 11로 알파고 마스터를 이겼습니다. 바둑에는 무수한 경우의 수가 있고, 아직 밝혀지지 않은 수도 많다는 걸 전제한다면, 충분히 납득이 가능한 결과입니다.

다시 질문으로 돌아가서, 추천 시스템의 경우 일반적으로 지도학습을 위해 데이터 세트를 전달하는 형태로 사용합니다. 그러나 최적의 경로를 알려주는 교통상황과 같이, 경우에 따라 강화학습이 더 큰 의미를 지닐 때도 있습니다. 더 많은 시뮬레이션이 필요한 상황이고, 결과를 예측하기 어려울수록 지도학습보다는 강화학습을 실시한 머신러닝이 더욱 큰 효과를 발휘할 겁니다.

Q. 유튜브를 보다 보면, 중간 광고가 나오잖아요. 이것도 이러한 추천 시스템에 의해 컴퓨터가 자동으로 광고를 넣어줄 것 같은데요. 이런 것은 어떤 추천 알고리즘을 활용하나요?

A. 유튜브를 포함해 구글의 광고가 적용되는 대부분의 위치에는 추천 시스템이 적용된 결과가 노출됩니다. 그 이유는 사용자에게 맞춤형 광고를 노출할수록 광고를 클릭할 확률이 높아지기 때문입니다. 같은 비용으로 구매율을 높일 수 있는 광고 채널이라면, 광고주의 입장에서는 반드시 사용할 수밖에 없는 채널인 겁니다.

PC 사용자라면 구글 크롬 브라우저, 모바일 안드로이드, 스마트폰이나 구글 계정 등을 통해 사용자가 접속하거나 연결한 모든 쇼핑몰이나 검색 키워드 등을 수집합니다. 수집한 데이터는 일련의 형태로 가공되어 사용자의 취향을 파악합니다. 광고 서비스에 등록된 수많은 아이템 중에서, 사용자에게 가장 흥미를 자극할 수 있는 아이템의 광고를 사용자에게 노출합니다. 이런 사실은 구글 계정을 이용하고, 크롬 브라우저를 사용하며, 회사 사이트를 자주 방문하는 직종을 하는 대부분의 IT 기업 종사자가 흔히 겪는 일입니다. 만약 IT 회사에 종사 중이라면 뉴스 기사를 보거나, 유튜브를 시청할 때 자사의 광고가 화면을 가득 메우는 걸 경험해볼 수 있습니다.

추천 알고리즘의 과학

7장
하이브리드
추천 시스템

이전 장을 통해, 앞서 설명한 협업 필터링과 추천 시스템이 하나의 큰 그룹인 정보 필터링에 속한 것을 확인하였습니다. 협업 필터링이 메모리 기반 협업 필터링과 모델 기반 협업 필터링으로 나뉘고, 모델 기반 협업 필터링이 무엇인지 살펴보았습니다. 간단하게 다시 살펴보면, 메모리 기반 협업 필터링은 사용자 기반 협업 필터링과 아이템 기반 협업 필터링으로 구성됩니다. 사용자 기반 협업 필터링은 한 명의 특정 사용자와 다른 사용자가 각각 선택한 아이템을 통해, 사용자 사이의 유사도를 측정합니다. 그리고 특정 사용자와 가장 높은 유사도를 가지는 다른 사용자의 구매 이력 또는 선택한 상품 목록 중에서, 특정 사용자가 선택하지 않은 항목을 추천합니다. 아이템 기반 협업 필

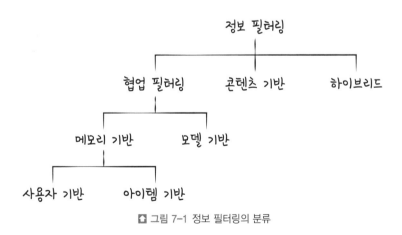

🔼 그림 7-1 정보 필터링의 분류

터링은 각각의 아이템을 구매한 사용자를 통해, 아이템 사이의 유사도를 측정합니다. 그리고 특정 아이템과 가장 높은 유사도를 가지는 다른 아이템 중에서, 특정 아이템을 구매하지 않은 사람에게 특정 아이템을 추천합니다.

하이브리드 추천 시스템

이 장에서는 정보 필터링 중에서 아직 설명하지 않은 하이브리드 추천 시스템에 대해 설명합니다. 하이브리드 추천 시스템은 협업 필터링과 콘텐츠 기반 추천 시스템이 가진 문제점을 두 가지 추천 방식의 적절한 융합 또는 같은 추천 방식을 두 번 이상 사용해 해결합니다. 협업 필터링은 그 특성상 구매이력이나 열람이력과 같이 과거 데이터를 기반으로 아이템을 추천합니다. 그러나 구매이력이 없는 신규 사용자에게 아이템을 추천하거나, 새롭게 등록된 아이템을 누구에게도 추천할 수 없는 콜드 스타트 문제가 있습니다.

콘텐츠 기반 추천 시스템은 콘텐츠나 아이템을 분석해 콘텐츠나 아이템을 구성하는 여러 가지의 메타데이터로 정의합니다. 콘텐츠마다 정의된 메타데이터를 통해 사용자가 이전에 선택한 콘텐츠의 메타데이터를 기반으로 다른 콘텐츠를 추천합니다. 처음 서비스를 이용할 때에 사용자의 취향을 수집하면 즉시 다른 콘텐츠를 사용자의 취향에

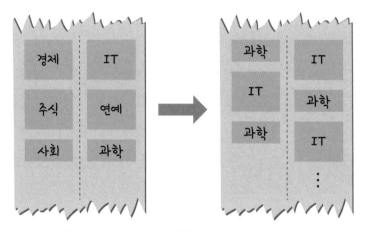

↥ 그림 7-2 콘텐츠 기반 추천 시스템의 과잉전문화 문제

맞게 추천할 수 있습니다. 이렇게 신규 사용자로부터 데이터를 수집하는 방법을 통해 콘텐츠 기반 추천 시스템은 협업 필터링이 가지고 있는 콜드 스타트 문제를 해결할 수 있습니다. 그러나 콘텐츠 기반 추천 시스템을 적용한 경우, 사용자에게 특정 콘텐츠만 추천하게 되는 '과잉전문화(Overspecialization)' 문제가 있습니다. 콘텐츠 기반 추천 시스템이 적용된 뉴스 추천 서비스가 있다고 가정하겠습니다. 필자는 과학과 IT에 관심이 많으므로 가입 후 일주일 동안 과학과 IT에 관련된 기사만 읽었습니다. 새로운 기사를 읽고 싶어 서비스를 이용하려는 필자에게, 이 서비스는 과학과 IT에 관한 기사를 추천할 겁니다. 수집

로맨스, 드라마, 애니메이션, 코미디, 생존, SF, 판타지, 실화,
요리, 시간여행, 한국영화, 외국영화, 히어로, 댄스, …

사용자 A

로맨스, 드라마, 코미디, 1, 2, 3, 4 …

⬆ 그림 7-3 콘텐츠에 포함된 메타데이터가 사용자 취향으로 수집됨

된 사용자의 데이터를 바탕으로 추천이 이뤄지기 때문에 유사한 아이템이나 콘텐츠만 계속해서 추천되는 문제가 바로 과잉전문화입니다. 과잉전문화 문제는 필터 버블, 콘텐츠 편식 등으로 불리기도 합니다.

　하이브리드 추천 시스템은 그 이름에서 유추할 수 있듯이 협업 필터링과 콘텐츠 기반 추천 시스템의 특징이 모두 있습니다. 협업 필터링과 콘텐츠 기반 추천 시스템의 단점을 보완하기 위해 둘 이상의 추천 시스템을 함께 적용하거나 하나의 추천 시스템을 여러 번 적용하기도 합니다.

	로맨스	드라마	코미디	요인 1	요인 2	요인 3	요인 4 ⋯
사용자 A	✓	✓	✓	✓			
사용자 B		✓	✓	✓		✓	
사용자 C	✓				✓	✓	✓

⬆ 그림 7-4 사용자 A에게 가장 유사한 사용자 B의 메타데이터 중 요인 3을 추천

대부분의 추천 서비스는 추천 방식을 보다 정교하게 구현하기 위해 하이브리드 추천 시스템을 구축하고 있습니다. 추천 시스템을 디자인하면서 필요에 따라 협업 필터링 또는 콘텐츠 기반 추천 시스템을 적용합니다. 가상의 영화 추천 서비스가 있다고 가정하겠습니다. 이 서비스는 콘텐츠 기반 추천 시스템을 이용해 사용자의 취향을 파악하고, 사용자 기반 협업 필터링을 적용해 비슷한 취향의 사람들을 찾아 유사도가 높은 다른 사람의 시청 목록에서 콘텐츠를 추천합니다. 사용자 A가 선호하는 영화를 선택하면, 영화의 메타데이터가 사용자 A가 선호하는 메타데이터로 수집됩니다.

1부_추천 알고리즘을 이해하는 8가지 기본 토대

각 사용자는 각자의 선호도를 나타내는 메타데이터를 가지게 됩니다. 그리고 이를 이용해 다른 사용자와 사용자 기반 협업 필터링을 진행합니다. 이때는 아이템을 대신해 메타데이터를 추천합니다.

사용자 A가 기존에 가지고 있던 메타데이터와 새롭게 추천받은 메타데이터를 더해 새롭게 콘텐츠를 추천합니다. 하이브리드 추천 시스템을 이용하면 더욱 다양한 방법의 조합을 통해 더욱 정밀한 추천이 가능합니다. 실제로 콘텐츠를 제공하는 넷플릭스는 하이브리드 추천 시스템뿐만 아니라, 잠재 요인 모델 기반 추천 시스템이나 실험적인 모델을 적용한 추천 시스템을 통해 끊임없이 추천 시스템을 개선하고 있습니다.

SNS 게시물 추천을 위한 하이브리드 추천 시스템

하이브리드 추천 시스템을 이용해 SNS에서 게시물이나 친구를 추천하는 방식에 대해 살펴보겠습니다. 실제 페이스북은 게시물이나 친구 추천을 위해 딥러닝 모델을 적용해 추천 시스템을 구현하고 있지만, 이해를 돕기 위해 페이스북에서 하이브리드 추천 시스템을 적용하고 있다고 가정하겠습니다.

친구가 [좋아요]를 누른 게시물을 내 뉴스피드에 노출되게 하는 방법에는 여러 가지가 있습니다. 간단하게는 어떤 친구든지 [좋아요]를 누르면 해당 친구와 연결된 모든 친구의 뉴스피드에 게시물을 노출하는 방법입니다. 그러나 친구를 맺은 모든 사람과 취향이 동일할 수는 없습니다. 때로는 친구들이 올린 게시물보다 친구가 [좋아요]를 누른 게시물로 뉴스피드가 정복되는 상황이 생길 수도 있습니다.

이해를 돕기 위해 세 명의 사용자 A, B, C로 예를 들어 보겠습니다. 각 사용자는 각각 좋아하는 게시물의 종류가 다릅니다. 사용자 A는 식물에 관련한 내용을, 사용자 B는 환경에 관련된 내용을, 사용자 C는 경제에 관련된 내용을 좋아합니다. 만약 [좋아요]를 누른 게시물이 모든 친구의 뉴스피드에 노출된다면, 사용자 A가 좋아하는 모든 게시물이 식물에 관심이 없는 사용자 C의 뉴스피드에 노출이 됩니다. 사용자 C는 자신이 관심 없는 게시물에 무차별한 [좋아요]를 누르는 사용자 A를 차단해버릴지도 모릅니다. 소셜 미디어는 사람들이 관계를 맺고 정보를 공유할 수 있는 공간을 제공하는데, 만약 페이스북이 이런 방식으로 운영을 한다면 금방 망하고 말 겁니다. 이런 문제가 발생하지 않도록, 페이스북에서는 추천 시스템을 활용해 다른 사람이 [좋아요]를 누른 게시물을 다른 친구의 뉴스피드에 노출하고 있습니다.

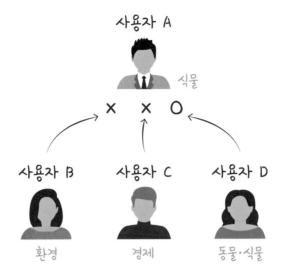

🔼 그림 7-5 사용자 A와 유사도가 높은 사용자 D가 좋아하는 게시물만 추천

　　사용자 A는 B, C 외에도 D와 친구를 맺고 있습니다. 그중에서 사용자 D는 동물·식물에 관심이 있습니다. 만약 사용자 D가 동물과 관련된 게시물에 [좋아요]를 누를 경우, 사용자 A는 동물에 관심이 없더라도 사용자 기반 협업 필터링을 거치면 다른 사용자 중 사용자 D와의 유사도가 가장 높기 때문에 이 게시물이 노출될 수 있습니다. 그러나 사용자 A에게 사용자 C가 [좋아요]를 누른 게시물은 추천할 수 없

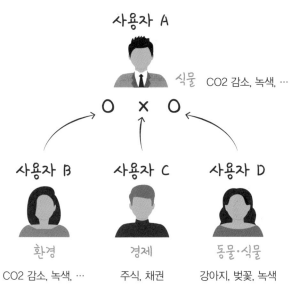

사용자 A

식물 CO2 감소, 녹색, …

O × O

사용자 B **사용자 C** **사용자 D**

환경 경제 동물·식물

CO2 감소, 녹색, … 주식, 채권 강아지, 벚꽃, 녹색

⬆ 그림 7-6 추천 방식을 협업 필터링에서
콘텐츠 기반 추천 시스템으로 변경하여 게시물을 추천

습니다. 사용자 A는 식물에 관한 내용에 관심이 있고, 사용자 C가 누른 게시물에는 관심이 없기 때문입니다. 사용자 기반 협업 필터링은 사용자와 아이템(여기서는 게시물의 카테고리)으로 유사도를 결정합니다. 사용자 D가 선호하는 카테고리인 동물 · 식물은 동물과 식물을 모두 포함하는 데 반해, 환경이라는 카테고리는 식물을 직접적으로 포함하지 않기 때문입니다.

만약 게시물에 메타데이터를 적용하는 콘텐츠 기반 추천 시스템이라면, 환경과 식물은 'CO2 감소'나 '녹색'이라는 메타데이터를 포함할 수 있습니다. 자연스럽게 사용자 B가 좋아하는 게시물도 사용자 A의 뉴스피드에 추천할 수 있게 됩니다.

이처럼 추천 시스템은 필요에 따라, 목적에 따라 적절한 추천 방법이 다릅니다. 상황에 맞는 추천 시스템을 적용하는 것만으로도 추천 시스템의 효율이 더욱 좋아집니다. 지금처럼 친구가 누른 게시물이 아니더라도, 많은 사람이 공감하는 게시물이 사용자의 취향과 일치하는 경우에도 추천할 수 있습니다.

이렇게 다양한 추천 시스템을 적절히 융합하거나 한 가지의 추천 시스템을 여러 번 적용하는 추천 시스템을 하이브리드 기반 추천 시스템이라고 합니다. 당연하게도, 하이브리드 추천 시스템은 컴퓨터 리소스가 많이 필요합니다. 협업 필터링과 콘텐츠 기반 추천 시스템은 과거 데이터를 기반으로 동작하는데, 데이터가 많을수록 더 정교한 추천이 가능해집니다. 당연하게도 데이터가 많이 필요하고 더 많은 처리가 필요할수록, 더욱 많은 리소스가 필요합니다. 그리고 하이브리드 추천 시스템은 이런 추천 방법을 여러 번, 또는 중첩해서 적용하기 때문에 더욱 많은 컴퓨터 리소스를 필요로 합니다.

이 장에서는 앞서 설명한 추천 방법을 합쳐서 더욱 정밀하게 추천할 수 있게 만든 하이브리드 추천 시스템에 대해 살펴보았습니다. 하이브리드 추천 시스템이나 딥러닝, 머신러닝 모델을 적용한 추천 시스템은 엄청난 컴퓨터 리소스를 요구합니다. 추천 시스템에는 수많은 연산이 필요한데, 이 경우에는 CPU(중앙 처리 장치)보다 GPU(그래픽 처리 장치)가 더 효율적입니다. 다음 장에서는 딥러닝과 머신러닝을 위해 CPU의 부하를 나눠 짊어지게 된 GPU와 그걸 가능하게 한 GPGPU, 그리고 추천 시스템의 최신 트렌드인 딥러닝, 머신러닝을 활용하는 모습을 소개합니다. 혹시나 기술적인 이해가 어렵게 느껴진다면, 8장은 건너뛰어도 좋습니다. 그다음 장부터는 실제 서비스에서 어떤 형태로 추천 시스템을 적용하고 사용되는지 예시를 통해 살펴봅니다.

Q. 유튜브를 시청하다 보면, 내가 시청한 경험이 없는 주제가 갑자기 나타나는 경우가 있어 우연히 클릭하였는데, 계속 같은 주제의 자료를 보여주더라고요. 이런 것도 하이브리드 추천 시스템인가요?

A. 하이브리드 추천 시스템은 글자 그대로, 서로 다른 여러 형태의 추천 시스템을 융합해 사용하는 추천 방법입니다. 따라서 질문하신 내용은 당연히 하이브리드 추천 시스템으로 볼 수 있습니다. 새로운 콘텐츠가 추가되었을 때 이 콘텐츠를 무작위로 노출하고, 끝까지 시청한 사람들은 이 콘텐츠에 관심을 보인 것으로 암묵적 피드백을 수집할 수 있습니다. 이렇게 수집된 데이터를 바탕으로 이 콘텐츠와 유사한 다른 콘텐츠를 사용자에게 노출할 수 있습니다. 여기에는 콘텐츠 기반 추천 시스템과 협업 필터링이 적용된 걸 파악할 수 있습니다. 물론 유튜브의 추천 시스템은 딥러닝과 머신러닝을 이용한 모델 기반 협업 필터링에 가깝습니다.

Q. 사용자가 한 번도 클릭하지 않은 주제를 추천하게 할 경우 어떤 기준 같은 게 있나요?

A. 이전 질문에 대한 답변처럼, 무작위로 새로운 콘텐츠를 노출할 수 있습니다. 그러나 만약 콘텐츠 기반 추천 시스템에서 사용하는 형태의 메타데이터를 적용할 수 있다면, 사용자의 취향을 나타내는 메타데이터를 기준으로 새로운 콘텐츠를 노출할 수 있습니다. 그렇다면 한 번도 클릭하지 않은 주제는 어떨까요? 먼저 추천 시스템은 사용자의 취향을 파악하고, 그 취향의 다른 아이템을 추천하는 시스템입니다. 따라서 기본적으로 사용자의 취향과 다른 콘텐츠를 추천하지 않습니다. 만약 질문자가 액션 영화만 봤다면, 당연히 추천되는 다른 영화는 항상 액션이어야 하는 거지요. 그러나 우리는 액션을 보다가도 다른 사람의 추천으로 로맨스 코미디를 보러 가곤 합니다. 그런 경우를 위해 콘텐츠를 검색할 수 있게 하거나 무작위, 신작, 또는 대중적인 콘텐츠를 노출하는 형태로

다른 주제를 볼 수 있게 환기합니다. 개인 맞춤 추천이 자행되는 지금의 시대 이전에는, 많은 사람이 찾는 아이템을 추천했습니다. 이 방식은 베스트셀러 방식이라고도 불렀는데, 가장 대중적인 걸 모든 사용자에게 노출하는 형태였습니다. 넷플릭스에서 만날 수 있는 Korea Top 10이 이런 형태의 추천 시스템이라고 볼 수 있습니다.

Q. 어떻게 보면 하이브리드 시스템이 가장 좋은 것 같은데요. 그리고 더 좋은 것은 추천 시스템을 그때그때 적절하게 학습시켜 반영하는 딥러닝이나 머신러닝 기법을 도입한 추천 시스템이 제일 좋을 것 같습니다. 하지만 상황에 따라 비용에 따라 달라질 수 있을 것 같은데요.

A. 네, 맞습니다. 아마 지금 하는 답변은 모든 프로그램이나 기술에 적용될 이야기입니다. 가장 성능이 좋은 프로그램이나 시스템이라고 할지라도, 그게 가장 적합한 해결책은 아닙니다. 만약 추천할 아이템의 숫자가 제한적이고, 데이터를 관리하는 데에 큰 비용이 들지 않을 만큼 작은 서비스라면 어떨까요? 이 경우에는 머신러닝을 이용한 오프라인 학습으로 추천 정확도를 높이는 일보다는 사용자의 취향을 실시간으로 반영해서 보여주는 추천 시스템을 적용하는 게 더 나을 수 있습니다. 이렇게 추천 시스템을 적용하려는 서비스의 크기와 회사의 자금 상태 등을 고려해서 가장 적합한 형태의 추천 시스템을 도입하는 게 좋습니다. 최고의 해결책은 지금의 문제를 최고의 효율과 최적의 비용으로 해결해줄 수 있는 방법이니까요.

8장
GPU와 인공지능

이 장은 장치와 기술의 발전으로 추천 시스템이 더 발전할 수 있었다는 내용을 원리의 관점에서 다루고 있습니다. 독자 중에서 이런 내용을 어려워하는 분이 있다는 걸 잘 알고 있습니다. 괜찮습니다. 만약 기술적인 내용에 흥미가 없다면, 컴퓨터와 GPU, 그리고 머신러닝의 발전으로 추천 시스템이 고도화되었다는 사실만 기억하고 9장으로 넘어가도 좋습니다.

CPU와 GPU

1장부터 7장까지 정보 필터링 기반 추천 시스템에 대해 설명했습니다. 정보 필터링 기반 추천 시스템에는 공통적인 문제점이 있습니다. 서비스를 이용하는 사용자가 많아지고, 서비스에 등록되는 아이템이나 콘텐츠의 양이 증가하게 될 때 발생하는 문제입니다. 사용자가 늘어난다는 것은 같은 데이터를 더 자주 복사하는 일이 생긴다는 겁니다. 그리고 아이템이나 콘텐츠의 양 자체가 늘어난다는 것은 처리해야할 데이터의 양이 늘어난다는 겁니다. 이 많은 데이터와 데이터의 사본을 추천 시스템에 적용하기 위해서는 (아이템이나 사람들 사이의 유사도를 계산하는 것처럼) 수많은 연산 작업이 필요합니다.

과거에 컴퓨터에서 연산을 실행하는 것처럼 데이터를 처리하는 과정은 CPUCentral Processing Unit(중앙 처리 장치)가 도맡아 했습니다. CPU는 지금도 컴퓨터에서 여전히 중요한 역할을 담당하고 있습니다. 그리고 CPU는 순차적으로 연산을 진행한다는 특징이 있습니다. 그래서 CPU는 대용량 데이터를 처리하기에는 상대적으로 오랜 시간이 필요합니다. 쉽게 말해 100개의 계산이 필요할 때, 1개의 계산기로 계산을 하는 게 CPU가 데이터를 처리하는 방식입니다. 여러 컴퓨터를 연결하는 병렬 컴퓨팅을 통해 연산 속도 문제를 해결할 수는 있지만, 여전히 CPU만 이용하기에는 비용이 문제입니다. 이 장에서 다룰 GPUGraphics Processing Unit(그래픽 처리 장치)를 이용해 연산 작업을 처리하면 CPU를 이용할 때보다 빠르게 데이터를 가공할 수 있습니다. 만약 100개의 계산을 10개의 계산기로 계산하면 어떨까요? GPU에서는 이렇게 데이터의 처리 또는 계산을 병렬적으로 처리합니다. 같은 양의 단순 계산이라면, GPU가 CPU보다 몇 배 더 빠를 수 있습니다.

여러분이 자주 사용하는 대부분의 서비스 특히, 대부분의 추천 시스템에는 이미 딥 러닝Deep Learning이나 머신러닝Machine Learning(기계학습)이 적용되어 있습니다. 이 장에서는 CPU와 GPU의 차이점, 그리고 GPU를 이용한 연산 방식이 기계학습에 어떤 영향을 끼쳤는지 설명합니다.

CPU와 GPU의 차이

1980년대, CPU만 있던 컴퓨터 부품 시장에 GPU가 처음으로 등장했습니다. 당시에는 지금과 달리 화려한 그래픽 요소가 없었던 시기였기 때문에, 정식 명칭이 없어 그래픽 가속기 정도로 불렸습니다. 그러다 1999년 NVIDIA의 'GeForce 256'이 GPU라는 이름으로 세상에 나오게 되면서, GPU는 그래픽 처리를 위한 컴퓨터 부품의 고유명사가 되었습니다.

CPU는 모든 연산을 수행할 수 있지만, 특히 복잡한 연산을 빠르게 처리하는 것이 목적입니다. 그러나 GPU의 역할은 화면을 구성하는 픽셀을 계산하는 정도에 그치기 때문에 CPU에 비해 훌륭한 성능

🔼 그림 8-1 NVIDIA의 첫 번째 GPU, GeForce 256

을 기대하지 않습니다. 한 가지의 복잡한 연산을 수행한다고 가정하면, 당연히 CPU가 GPU보다 훨씬 빠릅니다. 그러나 수십, 수만 가지의 단순 연산을 진행한다면, GPU가 CPU보다 빠릅니다. CPU가 고급 승용차라면, GPU는 버스나 지하철로 비유됩니다. 속도에 차이가 있지만, 구조적 차이 때문에 대용량 데이터를 처리하는 데에는 GPU가 더 적합합니다.

CPU와 GPU는 모두 데이터를 읽고, 연산 처리의 결과를 찾습니다. CPU는 컴퓨터를 켜고, 브라우저를 실행하고, 주소창에 구글을 입력하는 것처럼 순차적인 명령을 주로 수행합니다. 반면에 GPU는 CPU를 통해 브라우저를 실행할 때, 브라우저를 모니터 화면에 그림처럼 그려내는 역할을 담당합니다. 수행하는 역할이 다르다 보니, CPU와 GPU는 내부 구조부터 차이가 있습니다. 두 프로세서 모두 명령어를 해석하여 다른 장치로 전달하는 컨트롤 유닛Control Unit, 연산을 담당하는 ALUArithmetic Logic Unit(산술 논리 장치)와 캐시 메모리를 가지고 있습니다. CPU는 명령어가 입력된 순서대로 데이터를 처리하기 때문에 상대적으로 ALU의 수는 적게 필요한 대신, 순차적으로 실행할 명령어를 저장해 둘 공간이 많이 필요합니다. 그러나 GPU는 여러 명령어를 동시에 처리하기 때문에 저장 공간이 작고, 연산을 담당하는 ALU가 많이 필요합니다.

CPU와 GPU, 예시로 이해하기

ALU는 산술 논리 장치라고 불리는 만큼 덧셈과 뺄셈 같은 단순한 산술 연산과 논리곱이나 논리합과 같은 논리 연산을 실행하는 장치입니다. 계산기에서 주로 사용되는 산술 연산은 숫자의 덧셈이나 뺄셈과 같은 연산을 뜻합니다. 논리 연산은 참과 거짓 두 가지로만 나타내는 연산으로써, 두 가지 명제에 대하여 연산을 진행합니다. 논리합은 두 가지 명제 중 하나만 참이면 두 가지 명제가 모두 참이라고 계산하고, 논리곱은 두 가지 명제 모두 참일 때만 참이라는 결과를 얻을 수 있습니다. 예를 들어, 1＋1과 같은 계산이 필요한 연산은 산술 연산이고, (2<3)과 같이 비교가 필요한 연산은 논리 연산입니다. [표 8-1]을 참고하기 바랍니다.

CPU와 GPU의 내부 구조에 차이가 있는 이유는, 두 프로세서가 주로 처리하는 데이터의 종류가 다르기 때문입니다. CPU는 사람이 인지할 수 있는 데이터를 주로 처리하고, GPU는 그래픽이나 음성과 같은 멀티미디어 데이터를 처리합니다. 그림은 수많은 0과 1의 혼합체이지만, 우리는 한 장의 그림으로 이해합니다. 따라서 웹 서핑이나 문서 작업과 같이, 사용자와 컴퓨터가 소통할 때에는 주로 CPU를 이용해 데이터를 처리합니다. 그러나 3D 게임을 플레이하거나 고화질 영상을 시청할 때처럼 화면을 구성하는 픽셀 값이 시시각각 변화해야 하는 경우, GPU가 이 역할을 담당합니다.

	명제1	명제2	논리 연산 결과
논리합	참	거짓	참
논리곱	참	거짓	거짓

표 8-1 논리 연산의 결과 예시

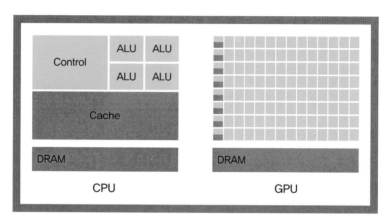

그림 8-2 CPU와 GPU의 내부 구조 예시

만약 GPU가 없었다면, CPU가 하나의 데이터를 처리하는 동안 나머지 데이터가 대기하게 되는 병목현상이 발생합니다. 중요한 명령이 데이터에 밀려 대기하게 되면서, 컴퓨터의 속도도 느려질 수밖에 없습니다. 병목현상을 해결하는 가장 대표적인 방법은 병렬처리입니다. CPU로만 구성된 컴퓨터를 병렬로 연결하면 각 컴퓨터의 CPU가

데이터를 처리할 수 있으므로 연산 속도를 더 빠르게 개선할 수 있습니다. 대신에 병렬 컴퓨팅에는 더 많은 컴퓨터가 필요하게 되어 비용이 매우 커집니다. 어차피 연산 업무가 간단한 일이라면, GPU로 병렬연산 업무를 처리하는 게 시간과 비용을 아낄 수 있습니다. 실제 GPU는 수백, 수천 개의 ALU가 있어서, 단순한 작업에는 훨씬 효율적이라고 할 수 있습니다. [그림 8-2]를 참고하기 바랍니다.

GPU가 CPU보다 효율적이라는 표현을 통해, GPU가 CPU보다 성능이 우수해 보일 수 있습니다. 그러나 CPU는 다재다능하고 하나하나의 ALU 성능이 뛰어난 반면, GPU는 단순한 일만 할 수 있는 ALU를 탑재하고 있습니다. 데이터를 순차적으로 처리한다면 CPU가, 데이터를 동시에 처리한다면 GPU가 더 효율이 좋습니다. 이 장에서는 CPU와 GPU의 차이점만 명확하게 이해하면 됩니다.

딥 러닝과 머신러닝

이번에는 딥 러닝과 머신러닝에 대해 살펴보겠습니다. 초기의 머신러닝은 명확히 프로그램하지 않고도 컴퓨터에 사고하는 능력을 주는 것으로 정의되었습니다. 그러나 현대에서 일반적으로 통용되는 머신러닝은 방대한 데이터를 바탕으로 컴퓨터가 스스로 학습하는 것을 말합니다. 2020년 tvN에서 방영된 토일 드라마 〈스타트업〉에서 컴

☝ 그림 8-3 다양한 시도를 통해 학습하는 기계, 타잔

퓨터 천재 역 남도산의 말을 빌리면, 머신러닝을 위한 컴퓨터는 타잔으로 비유됩니다. 타잔은 평생을 열대 우림에서 살아왔기 때문에 인간의 언어를 알지 못합니다. 어느 날, 타잔은 자신이 살고 있는 밀림에서, 자신 이외의 다른 사람을 처음으로 만나게 됩니다. 타잔은 처음 만난 제인에게 첫눈에 반하고, 제인이 좋아하는 게 무엇인지 파악하려 합니다. 타잔은 인간의 언어를 사용할 수 없기 때문에 행동을 통해 학습을 시도합니다. 타잔이 제인에게 돌멩이를 가져다주었더니, 제인이 싫어합니다. 타잔은 제인이 돌멩이를 싫어한다는 사실을 새롭게 배우고, 이번에는 예쁜 꽃을 꺾어 제인에게 건넵니다. 꽃을 받아 든 제인이 기뻐하는 모습을 본 타잔은 제인이 꽃을 좋아한다는 사실을 학습합니다.

여기에 등장하는 타잔이 머신러닝의 컴퓨터입니다. 컴퓨터가 방대한 데이터를 바탕으로, 참/거짓을 구분하며 목적에 따라 학습합니다. 예를 들어, 고양이를 구분하기 위해 컴퓨터에 머신러닝을 실시한다면, 컴퓨터는 고양이 사진은 참으로, 다른 사진은 거짓으로 판별합니다. 컴퓨터에게 다양하고 많은 사진을 제공할수록 컴퓨터는 점점 명확하게 고양이를 구분할 수 있게 됩니다.

딥 러닝 알고리즘은 기계학습을 위한 컴퓨터에, 인간의 뇌 세포를 모방한 신경망(Neural Network)를 더해 실제 인간의 두뇌가 수많은 데이터 속에서 패턴을 발견하여 사물을 구분하는 정보처리 방식을 학

👉 그림 8-4 머신러닝을 이용한 고양이를 구분하는 이미지 인식 기술

습시킨 것입니다. 딥 러닝은 컴퓨터가 머신러닝을 수행하기 전, 수천 만 개의 학습 데이터에서 특징을 추출하기 위한 알고리즘을 계속해서 반복합니다. 아주 많은 데이터를 단순한 연산으로 처리해야 하기 때문에 CPU보다 GPU가 이 연산에 더 적합합니다.

GPU와 이미지 인식 기술의 발전

2012년, 이미지넷에서 캐나다 토론토 대학의 알렉스 크리제브스키Alex Krizhevsky가 알렉스넷Alexnet을 발표했습니다. 이미지넷은 제시된 이미지 내의 사물 인식 정확도를 경쟁하는 대회입니다. GPU를 활용한 딥러닝이 적용된 알렉스넷은 이 대회에서 84.7%의 획기적인 정확도를 달성했습니다. 알렉스넷 이전까지의 사물 인식 정확도 최고치가 75%를 넘지 못했다는 점을 감안하면 엄청난 결과였습니다. 알렉스 크리제브스키는 딥 러닝용 신경망을 설계하고, GPU를 이용해 수없이 많은 이미지를 학습시켰습니다. 만약 CPU로 이 작업을 진행했다면, 시간과 비용이 매우 많이 필요했을 겁니다.

이 대회를 기점으로, 딥 러닝 연구에 GPU를 적극적으로 활용하게 되었습니다. GPU를 이용한 딥 러닝 연구는 빠르게 발전하여, 3년 후인 2015년에는 이미지넷에 참여한 마이크로소프트MS, MicroSoft팀이 96%가 넘는 사물 인식 정확도를 기록하며, 이미지 인식 능력이 인

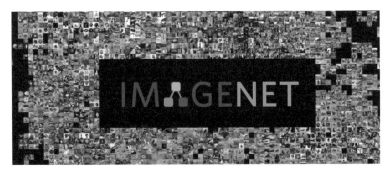

간과 비슷한 수준에 도달했습니다. GPU를 이용한 연구가 활발히 진행되면서, GPU가 적용되는 범위도 넓어졌습니다. 수많은 데이터 속에서 패턴을 발견하는 일은 비단 시각적인 데이터인 이미지나 동영상에 국한되는 것이 아니라 음성 인식, 언어 번역 등에서도 필요했고, GPU를 이용한 딥 러닝과 머신러닝은 지금도 많은 곳에서 활발히 사용하고 있습니다.

이 장에서 설명한 머신러닝에서, 학습방식(지도학습, 비지도학습, 강화학습 등)을 구분 짓지 않았습니다. 머신러닝에 대한 내용보다는 GPU를 접목한 머신러닝의 발전으로 추천 시스템이 더욱 발전할 수 있는 배경이 되었다는 점에 주목하기 바랍니다.

이렇게 GPU를 이용한 딥 러닝 알고리즘은 인간의 행동을 똑같이 할 수 있는 수준에 도달했습니다. 1장에서 언급한 것처럼 인공지능은 사람처럼 행동하는 프로그램이므로, 이미 특정 기능에 대해서는 인공지능이라고 부를 수 있게 되었습니다. 최근 10년 내에 많은 곳에서 인공지능이라는 단어를 쉽게 접하게 된 이유입니다.

이미지넷에서 알렉스 크리제브스키는 GPU를 단순한 그래픽 처리장치로 사용하지 않았습니다. 알렉스 크리제브스키는 CPU에서 처리해야 할 데이터를 GPU의 강점인 병렬적 연산으로 처리하였습니다. 원래대로라면 CPU가 처리했을 데이터 연산을 GPU를 통해 해결하는 기술을 GPGPU(General-Purpose computing on Graphics Processing Units)라고 합니다. 최근 10년 동안 GPGPU를 기반으로 발전해온 인공지능은 추천 시스템의 영역에서 그 빛을 발하고 있습니다.

1부는 여기까지입니다. 1부에서는 추천 시스템이 무엇인지, 그 종류는 어떤 것이 있는지, 어떤 원리로 동작하는지를 살펴보았습니다. 다음 장부터 시작되는 2부에서는 많은 기업에서 적용하고 있는 추천 시스템의 실제 사례를 소개하거나 원리를 바탕으로 논리를 추측합니다. 그리고 이 기업들의 추천 시스템을 적절히 이용하는 방법도 가볍게 소개합니다.

Q. 우리 컴퓨터에 CPU와 GPU가 따로 장착되어 있나요? 각각 어느 위치에 있는
지요?

A. 일반적인 사무용 PC에는 GPU가 내장된 CPU 하나만 장착되어 있습니다. 컴퓨터로
GPU가 필요한 작업을 하는 경우에는 데스크톱이라면 GPU를 따로 설치하거나, 노트
북이라면 GPU가 별도로 장착된 노트북을 구매해야 합니다. 둘 모두 메인보드에 연결
되어 있고, 생긴 모양이 달라서 이미지와 함께 비교하면 금방 구분할 수 있을 겁니다.

Q. 운영체제에서 각각의 역할에 맞게 "이건 CPU가 할 일", "이건 GPU가 할
일" 이렇게 구분을 해주나요?

A. 운영체제는 컴퓨터 하드웨어의 시그널과 사용자들이 접하는 애플리케이션 같은 소프
트웨어에서 발생하는 명령어를 적절한 순서에 맞게 실행하는 환경입니다. CPU는 PC
에서 두뇌의 역할을 하므로 대부분의 명령은 반드시 CPU를 거쳐야 합니다. 이 명령에
는 GPU를 통해 실행하라는 명령도 포함됩니다. 따라서 CPU와 GPU가 할 일을 구분
하는 일은 명령에 의존하고, 이 명령에 따라서 어떤 하드웨어로 실행할지 결정합니다.

Q. 비트코인 때문에 GPU 가격이 올라간다고 하는데, PC에서 쓰이는 GPU를 말
하는 건가요?

A. 네, 비트코인이 세상에 나온 지 얼마 안 된 무렵에는 개인 PC에서 사용하는 GPU를
사용하기도 했습니다. 그러나 지금은 비트코인을 채굴하기 위해 필요한 해시레이트
(컴퓨터로 풀어야 하는 퍼즐의 난이도)가 높아 개인 PC의 GPU로는 비트코인을 채굴
할 확률이 0에 수렴합니다. 비트코인과 같은 블록체인에 대해서는 기회가 된다면 다른
글로 만나 뵙겠습니다.

Q. PC에도 GPU가 있다면, 수월하게 머신러닝이나 딥러닝을 활용한 처리를 할 수 있겠네요?

A. 네, 이론적으로는 그렇습니다. 그러나 개인 PC에서는 GPU로 명령을 전달해 데이터를 처리하기보다 CPU 선에서 데이터를 처리하는 것이 효율적입니다. 그만큼 처리할 데이터양 자체가 적기 때문입니다. 만약 머신러닝이나 딥 러닝을 개인 PC에서 실행하려면, GPU를 이용해 실행하면 됩니다. 그래도 요즘에는 클라우드 컴퓨팅이 잘 되어 있기 때문에, 가능하면 개인 PC의 GPU보다는 클라우드 컴퓨팅으로 해결하는 편이 수월합니다.

추천 알고리즘의 과학

2부 | 서비스로 살펴보는 추천 알고리즘

추천 알고리즘의 과학

9장
실시간/비실시간 추천 시스템

이전 장에서 CPU Central Processing Unit와 GPU Graphics Processing Unit의 차이를 설명했습니다. CPU는 복잡한 연산을 처리할 때에 강력한 성능을 자랑하지만, 단순한 연산을 처리할 때에는 상대적으로 약한 성능을 보입니다. 반대로 GPU는 복잡한 연산을 처리하는 데에는 한계가 있지만, 단순한 연산을 처리할 때에는 강력한 성능을 자랑합니다. 자세히 알지 못하더라도, CPU는 순차적으로 연산을 처리하고 GPU는 병렬적으로 연산을 처리한다는 점을 기억하면 좋습니다. GPU는 연산을 병렬적으로 처리할 수 있기 때문에, 단순한 연산에서는 GPU가 CPU보다 월등히 빠릅니다. GPU의 병렬 연산을 바탕으로 딥 러닝과 머신러닝이 빠르게 발전했고, 오늘날의 각종 기업에서 구축한 추천 시스템 대부분은 이런 기술의 발전으로 더욱 정교하게 추천 서비스를 제공할 수 있게 되었습니다.

서비스에 머신러닝을 적용할 때에는 실시간으로 계산 결과를 적용해 서비스하는 제품이 있는 반면, 오프라인에서 계산하고 그 결과를 서비스에 적용해 특정한 날짜에 반영하는 제품도 있습니다. 실시간으로 추천 시스템이 적용되는 서비스는 각각의 사용자가 자신의 데이터를 업데이트하고, 정해진 데이터를 통해 추천 시스템이 적용되는 경우입니다. 반면에 실시간 서비스를 하는 데에 제약이 있는 서비스는 사용자 수가 굉장히 많고, 계산에 적용하려는 요소가 많아 원하는 결과를 얻기 위한 일련의 과정에 제법 긴 시간이 소요되는 경우입니다.

이 장에서는 실시간으로 적용되는 추천 시스템과 비실시간으로 적용되는 추천 시스템을 예시와 함께 살펴보겠습니다. 참고로 설명에 사용된 서비스는 실제와 다를 수 있으며, 쉬운 설명을 위해 각색한 내용이 포함되어 있습니다.

실시간 추천 시스템: 옥소폴리틱스

정치 이슈에 대한 질문에 ○×로 응답하여 자신의 정치성향을 확인할 수 있는 정치 커뮤니티 데이터 플랫폼, 옥소폴리틱스를 예시로 실시간 추천 시스템을 설명하겠습니다. 옥소폴리틱스에는 '진보 ↔ 보수' '권위 ↔ 자유'라는 두 개의 축을 기준으로 5개의 영역(진보 권위, 진보 자유, 중도, 보수 권위, 보수 자유)을 구분하여, 각 영역을 귀여운 동물 캐릭터로 나타내고 있습니다. 진보 권위는 호랑이 부족, 진보 자유는 하마 부족, 중도는 코끼리 부족, 보수 권위는 공룡 부족, 보수 자유는 사자 부족으로 구분하고, 비슷한 정치 성향을 가진 사용자를 부족이라는 이름의 그룹으로 보여줍니다.

사용자는 옥소폴리틱스에서 제공하는 질문에 ○×로 응답하는 것으로 자신의 정치 성향을 찾아가게 됩니다. 부족에 속한 사용자들의 평균 ○× 응답이 부족을 대표하는 응답이 되고, 각 사용자가 선택한 ○× 응답에 따라 사용자 자신의 성향이 특정 부족에 가까워지는 형태입니다. 예를 들어, "인구가 꼭 늘어야 할까요?"라는 질문에 대해서는 모든 부족이 △에 가까운 응답을 보였습니다. 그런데도 보수 성향의 공룡 부족과 사자 부족은 ○에서 △에 가깝게 위치하고 있고, 나머지 부족은 △에서 그 위치가 조금씩 다르며, 특히 진보 성향일수록 더 ×에 가까운 △에 위치합니다. 만약 한 사용자가 이 응답에 대해 ○를 선택한다면 보수에, △ 또는 ×를 선택한다면 진보에 가까운 정치 성향을 가진다고 유추할 수 있습니다.

하나의 질문으로 개인의 성향을 특정하기에는 일반화의 오류를 겪기 쉬우므로, 서로 다른 여러 개의 질문에 대해 ○× 응답을 진행하면, 더욱 정확한 정치 성향을 나타낼 수 있습니다. 옥소폴리틱스는 사용자가 응답할 때마다 사용자의 성향을 업데이트하다가, 정해진 주기마다 사용자에게 보이는 부족을 업데이트해서 사용자의 정치 성향이 업데이트되는 것을 체감할 수 있도록 합니다.

옥소폴리틱스에는 ○× 응답 이외에도, 특정 부족의 댓글에 [좋아요]를 누르거나 사용자의 차단, 신고, 폴디(Politician Director) 투자 등의 다양한 요소를 사용자의 부족 선정 요인에 포함하고 있습니다. 이렇게 사용자의 응답에 따라 실시간으로 데이터를 업데이트하고, 사용자에게 적용되는 부족이 변경되는 형태를 실시간으로 업데이트하는 옥소폴리틱스는 대표적인 실시간 추천 시스템에 속합니다.

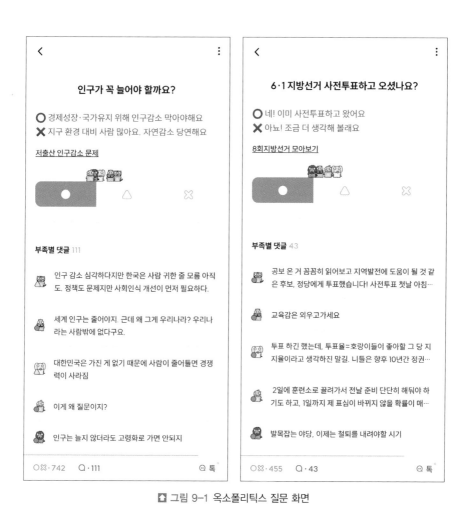

다음은 두 개의 모바일 앱 화면이다.

왼쪽 화면:

<   ⋮

인구가 꼭 늘어야 할까요?

◯ 경제성장·국가유지 위해 인구감소 막아야해요
✕ 지구 환경 대비 사람 많아요. 자연감소 당연해요

<u>저출산 인구감소 문제</u>

부족별 댓글 111

인구 감소 심각하다지만 한국은 사람 귀한 줄 모름 아직도. 정책도 문제지만 사회인식 개선이 먼저 필요하다.

세계 인구는 줄어들지. 근데 왜 그게 우리나라? 우리나라는 사람밖에 없다구요.

대한민국은 가진 게 없기 때문에 사람이 줄어들면 경쟁력이 사라짐

이게 왜 질문이지?

인구는 늘지 않더라도 고령화로 가면 안되지

◯✕ · 742   ◯ · 111   ⊕ 톡

오른쪽 화면:

<   ⋮

6·1 지방선거 사전투표하고 오셨나요?

◯ 네! 이미 사전투표하고 왔어요
✕ 아뇨! 조금 더 생각해 볼래요

<u>8회지방선거 모아보기</u>

부족별 댓글 43

공보 온 거 꼼꼼히 읽어보고 지역발전에 도움이 될 것 같은 후보, 정당에게 투표했습니다! 사전투표 첫날 아침…

교육감은 외우고가세요

투표 하긴 했는데, 투표율=호랑이들이 좋아할 그 당 지지율이라고 생각하진 말길. 니들은 향후 10년간 정권…

2일에 훈련소로 끌려가서 전날 준비 단단히 해둬야 하기도 하고, 1일까지 제 표심이 바뀌지 않을 확률이 매…

발목잡는 야당, 이제는 철퇴를 내려야할 시기

◯✕ · 455   ◯ · 43   ⊕ 톡

⬆ 그림 9-1 옥소폴리틱스 질문 화면

비실시간 추천 시스템: 링크드인

구인구직 플랫폼은 비실시간 추천(예측) 시스템을 적용하기에 아주 적합한 서비스입니다. 이 장에서는 세계 최대 구인구직 플랫폼인 링크드인에서 사용하는 추천 시스템을 살펴보겠습니다.

링크드인은 전 세계의 7억 명 이상이 사용하는 구인구직 플랫폼입니다. 2003년에 서비스를 시작하여, 사용자 수는 매년 증가하고 있습니다. 매년 기하급수적으로 늘어 2016년에는 4억 명을 돌파하였습니다. 같은 해에 마이크로소프트 사는 링크드인 사용자 수에 비례한 금액인 262억 달러에 링크드인을 인수하였습니다. 링크드인은 2015년 데이터 기반의 예측 판매 마케팅 회사를 인수하며 본격적으로 예측 시스템을 구축하였습니다.

링크드인은 구인 중인 회사와 구직 중인 개인에게 추천 시스템을 제공합니다. 구인 중인 회사에 취직할 가능성이 가장 높은 개인을 추천하거나, 구직 중인 개인에게 취업할 가능성이 가장 높은 회사를 추천합니다. 그러나 전 세계의 수많은 사람에게 개인 맞춤 추천을 적용하는 일은 결코 쉽지 않습니다. 아쉽게도 아직 구직을 원하는 개인에게 맞춤 회사를 추천하는 시스템이 적용되지 않았습니다. 이 장에서는 구인 중인 회사(리크루터)의 입장에서, 취직할 가능성이 가장 높은 개인(인재)을 추천하는 시스템을 설명합니다.

링크드인의 추천 시스템은 인맥 추천이나 채용공고, 뉴스 등 많은 서비스에 적용되어 있습니다. 그중에서 링크드인의 인재 추천 서비스에는 채용 가능성을 예측하는 시스템을 제공합니다. 다시 말해 회사에서 원하는 인재를 성공적으로 채용할 수 있도록 리크루터가 입력한 정보를 바탕으로 채용에 가장 적합한 인재를 추천합니다.

리크루터는 회사의 입장을 대변하여, 회사에 적합한 인재를 채용하는 직무를 담당하는 사람입니다. 세계 최대의 구인구직 플랫폼인 링크드인에는 등록된 회사의 숫자보다 더 많은 리크루터가 등록되어 있습니다. 리크루터는 회사에서 구인 중인 포지션에 적합한 인재를 찾는 일을 전문적으로 합니다. 리크루터가 찾는 사람은 회사에서 구인 중인 포지션에 필요한 기술과 능력을 가지고 있고, 동시에 채용 가능성이 가장 높아야 합니다. 리크루터는 회사에서 구인 중인 포지션에서 필요한 기술과 능력을 검색하고, 검색한 결과 중에서 적합한 인재를 찾아 채용까지 이어가야 합니다.

링크드인은 리크루터가 입력한 기술과 능력을 바탕으로 추천 시스템을 적용하여, 채용 가능성이 높은 인재를 추천합니다. 리크루터는 인재를 찾기 위해 기술이나 능력, 위치, 업무 경험, 기술의 유사성 등 다양한 조건을 입력합니다. 링크드인이 리크루터의 입력에 맞춰 인재를 추천하기 위해서는, 리크루터가 입력한 내용을 바탕으로 약 7억 명의 사용자 중에서 후보자를 찾아야 합니다. 그러나 앞서 설명한 것처럼, 사용자가 많을 수록 연산에 걸리는 시간이 늘어납니다.

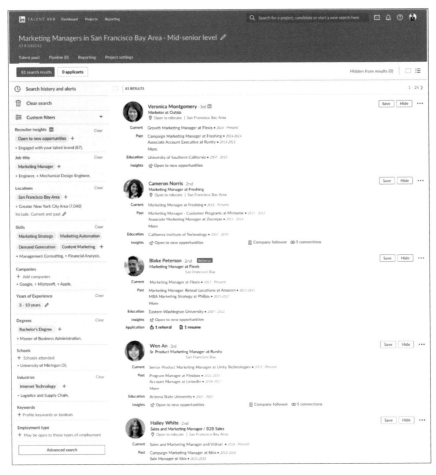

🔼 그림 9-2 링크드인의 인재 추천 서비스 예시

2부_서비스로 살펴보는 추천 알고리즘

7억 명이 넘는 사용자의 각종 이력 데이터를 실시간으로 관리하기에는 다소 어려움이 있습니다. 링크드인의 인재 추천 서비스는 딥러닝과 머신러닝으로 리크루터가 입력한 내용과 사용자의 데이터에서 패턴을 찾고, 패턴과 일치하는 사용자를 찾습니다. 패턴을 학습한 컴퓨터는 리크루터가 입력한 패턴과 일치하는 사용자를 찾아냅니다. 링크드인은 이 과정을 일정한 주기를 토대로 오프라인 환경에서 비실시간으로 작업합니다. 사용자의 데이터를 오프라인 환경으로 복사하고, 오프라인 환경에서 리크루터들의 검색 조건에 맞는 그룹으로 사용자를 미리 분류합니다. 그리고 사용자의 데이터에 그룹 데이터를 입력하고, 나중에 리크루터가 검색한 조건에 부합할 때 즉시 보여줄 수 있도록 합니다. 리크루터가 특정 조건을 검색하면, 링크드인의 인재 추천 서비스는 검색 조건에 알맞은 그룹에 속한 인재를 리크루터에게 보여줍니다.

리크루터가 인재를 찾을 때에는 회사에서 요구하는 기술과 능력 외에도, 회사에서 선호하는 인재에 대한 선호도가 반영되어야 합니다. 그렇다면 링크드인은 회사에서 선호하는 인재에 대한 정보를 어떻게 파악할 수 있을까요? 링크드인에 등록된 회사에서 근무 중인 사람들은 자신의 이력에 회사의 정보를 입력할 수 있습니다. 다시 말해, 회사에 근무 중인 사람들의 정보가 회사에서 선호하는 인재 정보로 수집될수 있습니다. 회사에 근무 중인 사람들의 성향을 분석하고 잠재 요인 모델을 적용하면, 회사에서 선호하는 인재에 대한 데이터를 얻을 수 있습니다.

정리하면, 링크드인의 인재 추천 서비스는 이 회사에 근무했거나 근무 중인 직원의 데이터와 인재 검색을 위해 입력한 데이터를 기반으로 채용 가능성이 높은 새로운 인재를 이 회사에 추천합니다. 회사에서 구인 중인 포지션에 적합한 인재를 찾기 위해, 리크루터는 기술과 능력을 검색합니다. 현재 회사에 근무 중인 사람들과 이전에 근무했던 사람들의 데이터를 기반으로 회사가 원하는 인재에 대한 일반적인 데이터를 취합합니다. 링크드인의 인재 추천 서비스는 리크루터가 입력한 데이터와 회사가 원하는 인재에 대한 데이터를 토대로, 채용 가능성이 가장 높은 인재를 추천합니다.

회사에 적합한 인재를 맞춤 추천하는 것은, 결국 인재에 대한 리크루터의 선호도를 파악하여 추천 시스템을 적용한다는 것입니다. 이를 위해서는 몇 가지 단계를 거쳐야 합니다. 리크루터가 입력한 요소를 바탕으로 인재를 필터링하고, 잠재 요인 모델을 이용해 사용자의 위치를 점으로 나타냅니다. KNN 알고리즘을 적용할 때처럼, 사용자의 위치에 따라 그룹을 나누고 그 결과를 리크루터에게 전달합니다. 화면에 나타난 검색 결과에 대한 리크루터의 응답(프로필 열람, 면접 제안 등)으로, 리크루터가 찾는 사용자의 데이터를 수집하고 결과에 반영합니다. 이런 과정이 여러 번에 걸쳐 반복되면, 채용 가능성이 보다 높은 사용자를 리크루터에게 추천할 수 있습니다.

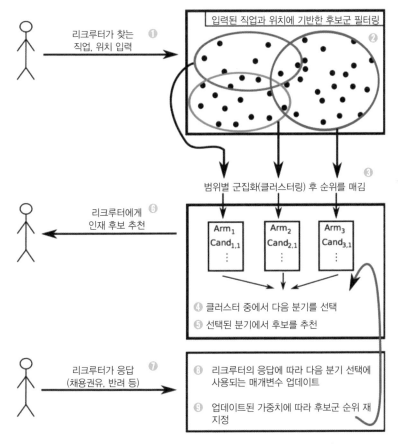

리크루터가 찾는 ❶
직업, 위치 입력

입력된 직업과 위치에 기반한 후보군 필터링 ❷

범위별 군집화(클러스터링) 후 순위를 매김 ❸

리크루터에게 ❻
인재 후보 추천

Arm₁	Arm₂	Arm₃

Arm_1 $Cand_{1,1}$ ⋮ Arm_2 $Cand_{2,1}$ ⋮ Arm_3 $Cand_{3,1}$ ⋮

❹ 클러스터 중에서 다음 분기를 선택
❺ 선택된 분기에서 후보를 추천

리크루터가 응답 ❼
(채용권유, 반려 등)

❽ 리크루터의 응답에 따라 다음 분기 선택에
사용되는 매개변수 업데이트

❾ 업데이트된 가중치에 따라 후보군 순위 재
지정

📷 그림 9-3 링크드인이 사용하는 온라인 개인화 시스템의 구조 *

* 출처: https://engineering.linkedin.com/blog/2019/04/ai-behind-linkedin-recruiter-
search-and-recommendation-systems)

구조적 특성상, 리크루터가 더 많은 반응을 보일수록 채용 가능성이 더 높은 사용자가 추천됩니다. 앞서 설명한 것처럼 링크드인은 추천 시스템을 더욱 고도화하여, 회사와 구직자 모두에게 적합한 추천 시스템을 적용하려고 노력하고 있습니다.

하드웨어의 발전과 GPU를 이용한 연산은 딥 러닝과 머신러닝의 발전을 가져왔습니다. 그리고 딥 러닝과 머신러닝의 발전은 추천 시스템의 연산 속도 등 성능을 크게 개선했습니다. 더욱 복잡한 모델을 실험해볼 수 있게 되었고, 더 많은 요소를 이용해 데이터를 분석하고, 선호도를 파악할 수 있습니다. 딥 러닝과 머신러닝은 분석할 데이터양에 따라 실시간으로, 또는 비실시간으로 거의 대부분의 서비스에 적용되고 있습니다. 이 모든 일이 불과 10여 년 만에 나타난 일입니다.

현대 사회를 살아가는 데에 추천 시스템이 없는 일상은 상상할 수 없게 되었습니다. 최근 10여 년에 걸쳐 발전한 클라우드 컴퓨팅, 분산 파일 시스템, 머신러닝과 AI는 그 아이디어만으로도 서로에게 긍정적인 영향을 끼쳤습니다. 1장에서 언급한 것처럼 우리는 이미 카카오의 뉴스 추천 AI인 루빅스가 추천하는 기사를 보고 있습니다. 카카오의 뉴스 개인 추천 시스템, 루빅스는 인간이 더욱 생산적이고 창의적인 일을 할 수 있도록 도와줍니다. 2020년대에는 글로벌 기업이 나서서, 추천 시스템을 조금 더 세분화해 개인의 취향이 어떻게 변화하는지까지 연구하고 있습니다.

2부_서비스로 살펴보는 추천 알고리즘

다음 장에서는 딥 러닝과 머신러닝의 발전이 가져온, 조금은 황당 무계한 넷플릭스의 추천 시스템을 설명합니다. 넷플릭스에서 볼 수 있 는 각종 TV 프로그램이나 영화의 썸네일은 개인마다 다릅니다. 썸네 일에도 개인의 취향을 적용한 넷플릭스의 예시를 보며, 일상생활의 깊 은 부분까지 파고든 추천 시스템을 살펴봅니다.

Q. CPU는 전통적으로 사용해왔던 하드웨어이기에 익숙한데, GPU는 낯설게 느껴집니다. GPU는 어디에서 개발하고 어떤 제품이 있는지 좀 더 자세하게 알고 싶습니다.

A. GPU의 대표주자는 GPU라는 말을 고유명사처럼 사용하게 만든 NVIDIA입니다. NVIDIA 이전에도 인텔이나 소니 등에서 전문가용 3D 그래픽 컨트롤러를 세상에 선보였습니다. 그러나 최초 상용화된 일반 사용자용 3D 그래픽 카드는 NVIDIA에서 생산한 GeForce 256입니다. GPU는 NVIDIA가 GeForce 256을 세계 최초의 GPU(Graphics Processing Unit)로 홍보하고 판매하면서 알려졌습니다. 현대에 이르러서는 NVIDIA를 필두로 한 그래픽 카드 시장에 AMD, ARM, 퀄컴, 애플, 인텔 등 다양한 반도체 회사가 포함되어 있습니다(참고로, 반도체 회사 중에는 설계만 하는 회사와 이 설계를 바탕으로 반도체를 생산하는 파운드리 회사가 따로 있습니다. 그리고 앞서 열거한 회사는 이런 기준으로 구분하지 않았습니다).

Q. 실시간 추천 시스템으로 옥소폴리틱스라는 서비스를 한번 찾아보았습니다. 옥소폴리틱스에서 추천 시스템은 서비스에서 어떤 역할을 하는지 알고 싶습니다.

A. 본문에서 설명한 것처럼, 옥소폴리틱스에서는 사용자의 정치 성향에 따라 5개의 부족을 구분하여 운용하고 있습니다. 옥소폴리틱스에는 부족이 업데이트되는 날이 있고, 지난 부족 업데이트일 이후부터 다음 부족 업데이트 전까지 사용자가 응답한 결과에 따라 부족이 변경됩니다. 이 기간 동안 특정 부족과 가까운 의견을 지속적으로 내는 사람은 특정 부족으로 변경되는 형태입니다. 예를 들어서 진보성향의 호랑이 부족과 같은 응답을 지속적으로 남기는 사용자는, 다음 업데이트에서 호랑이 부족으로 변경될 수 있습니다. 참고로 필자는 회원가입 당시 하마에서 시작하여 코끼리, 공룡을 넘나들고 있습니다.

Q. 링크드인과 비슷한 우리나라 서비스는 인크루트나 잡코리아 등을 들 수 있나요? 인크루트나 잡코리아도 링크드인과 마찬가지로 비슷한 추천 시스템을 구축하고 있다고 보는지요?

A. 네, 맞습니다. 정확히 링크드인과 같을 순 없지만, 그들만의 설계로 추천 시스템을 구축했거나 구축하고 있습니다. 추천 시스템은 다르게 말해 "잘 정렬하는 시스템"이기도 합니다. 잘 정렬하는 시스템이라는 말은, 사용자가 원하는 결과를 잘 보여주기 위한 시스템이므로, 추천 시스템과 같다고 볼 수 있습니다. 따라서 국내의 구인/구직 서비스는 이미 자신들만의 추천 시스템을 구축했거나 더 발전해나가고 있습니다.

Q. 수억 명이나 되는 인재 풀 중에서 적합한 인재를 추천해주는 서비스는 엄청난 리소스와 기술이 들어감을 알겠습니다. 추천 알고리즘, GPU의 하드웨어 기술, 그리고 GPGPU를 포함한 머신러닝과 딥 러닝의 학습 모델 등이 제대로 갖추어져야 하겠지요? 앞으로의 서비스는 누가 얼마나 이러한 기술을 제대로 활용하느냐에 성패가 달린 거라고 봐도 무방할까요?

A. 서비스의 성패를 기술만 가지고 말하기에 무리가 있습니다. 그러나 기술을 제대로 활용한 기업과 그렇지 않은 기업이 경쟁한다면, 기술을 제대로 활용한 기업이 살아남을 것이 명백합니다. 추천 시스템을 이루는 다양한 알고리즘을 포함해 하드웨어나 소프트웨어, 그리고 새롭게 시장을 형성하고 있는 블록체인 기술까지 다양한 기술이 더 멋진 세상을 만들고 있다고 생각합니다. 故 스티브 잡스 애플 CEO가 이야기했던, "창의력은 연결하는 능력"이라는 말이 있습니다. 새롭게 등장하는 기술은 대부분 과거에 존재한 기술들의 합입니다. GPU는 CPU에서부터 발전했고, 딥 러닝과 머신러닝은 GPU의 발전이 있었기에 가능했습니다. 블록체인은 P2P 시스템과 암호학 등의 합입니다. 앞으로 다가올 미래에서는 추천 시스템과 블록체인 등 신기술의 합으로 새로운 세상을 열어줄 기술이 등장할 것 같아 두근거립니다.

추천 알고리즘의 과학

10장
넷플릭스의
추천 시스템

이전 장에서는 추천 시스템이 실시간 또는 비실시간으로 적용될 수 있다는 걸 설명했습니다. 옥소폴리틱스는 사용자의 응답이 실시간으로 기록되고, 그 기록이 실시간으로 부족 변경을 위한 데이터로 처리됩니다. 반면에 링크드인은 개개인의 수많은 데이터와, 수많은 개인 중에서 특정 리크루터가 요구하는 인재를 찾아야 하기 때문에 비실시간으로 추천 데이터를 업데이트하고 있습니다. 옥소폴리틱스나 링크드인뿐만 아니라, 넷플릭스나 아마존, 구글 등 많은 회사와 서비스에서 사용자의 데이터를 활용하여 사용자에게 가장 적절한 아이템을 추천하려고 노력하고 있습니다. 이 책을 읽는 독자 여러분이라면, 개인에게 직업이나 콘텐츠 같은 아이템을 추천하는 일이 결코 쉽지 않다는 걸 알고 있을 겁니다. 사용자와 아이템이 늘어날수록 추천 시스템에 필요한 연산 속도는 증가합니다. GPU의 등장으로 그 연산 속도의 한계를 이겨낼 수 있게 되었지만, 그만큼 사용자 한 명에게 요구하는 데이터양이 많아졌습니다. 이 장에서는 사용자 한 명에게 수많은 데이터를 요구하는 글로벌 OTT 서비스, 넷플릭스의 추천 시스템을 살펴봅니다.

넷플릭스의 등장

넷플릭스는 1998년 미국 캘리포니아에서 DVD를 대여하며 사업을 시작했습니다. 20여 년 전, 동네의 만화방이나 DVD 대여점과 동일하게 시작한 셈입니다. 넷플릭스는 방문자에게 DVD를 대여해주는 단순한 사업모델을 온라인으로 풀어내며, 온라인 DVD 대여 사업을 시행했습니다. DVD를 대여한 사람들은 콘텐츠를 감상하고, DVD를 손상 없이 반납했습니다. 1999년의 지금을 살아가는 우리에게는 너무나 당연한 구독 서비스를 시행했습니다.

⬆ 그림 10-1 DVD 대여로 사업을 시작한 넷플릭스

이 구독 서비스는 반납일, 연체료, 대여 수량의 제약이 없었습니다. 당시에는 그야말로 파격적인 서비스였습니다. 수많은 사람이 서비스에 가입했고, 구독 서비스를 이용했습니다. 서비스를 이용하는 사람이 있고, 그 사람들이 대여한 콘텐츠에 대한 데이터가 축적되었습니다. 2000년에는 이 데이터를 바탕으로, 개인 취향에 맞춘 영화 추천 시스템을 도입했습니다. 시청한 콘텐츠에 대해 평가를 남기면, 이 평가 데이터를 토대로 사용자에게 다른 콘텐츠를 추천했습니다.

그러나 앞서 설명한 것처럼, 평가 데이터를 기반으로 한 추천에는 문제가 있습니다. 추천되는 콘텐츠가 사용자의 취향 데이터에만 편중되다 보니, 필터 버블Filter Bubble이 발생합니다. 필터 버블은 사용자의 취향에 맞는 콘텐츠만 노출되어, 취향에 벗어나는 콘텐츠가 제공되지 못하는 문제입니다. 예를 들어 로맨스 장르를 좋아하는 사람에게는 로맨스 영화만 추천됩니다. 만약 이 사람이 액션 장르를 좋아하는 다른 사람과 함께 볼 콘텐츠를 찾으려면, 콘텐츠 찾기 여정이 결코 쉽지 않을 겁니다. 넷플릭스는 이 필터 버블 문제를 새로운 프로필을 생성할 수 있도록 하여 해결하였습니다. 이로 인해 이 사람은 기존의 프로필에서 로맨스 영화를 추천받을 수 있고, 새로운 프로필을 생성하여 로맨스와 액션을 동시에 다루는 영화를 추천받을 수도 있습니다.

🔼 그림 10-2 개인 취향에 맞춘 영화 추천 시스템을 도입한 넷플릭스(2000년)

넷플릭스는 2007년에 콘텐츠 스트리밍 기능을 도입하여, DVD를 대여하지 않아도 온라인상에서 즉시 콘텐츠를 소비할 수 있게 했습니다. 2008년에는 소비자 가전 브랜드와 제휴하여 Xbox 360, 블루레이 플레이어, TV 셋톱박스에서도 스트리밍 서비스를 이용할 수 있도록 사업을 확장하였습니다. 이후의 넷플릭스는 지금 우리가 쉽게 접할 수 있는 세계 최고의 OTT 서비스(Over-The-Top media service)로 성장하였습니다.

넷플릭스 프라이즈

넷플릭스의 추천 시스템은 2000년부터 시작되었지만, 이 추천 시스템은 2006년부터 2009년까지 열린 콘텐츠 추천 시스템의 정확도를 개선하는 대회, 넷플릭스 프라이즈Netflix Prize에서 크게 개선되었습니다. 대회 기간 동안 자그마치 40,000팀이 도전한 이 대회의 우승은 콘텐츠 추천 정확도를 10.06% 높인 벨코어스 프래그매틱 카오스BellKor's Pragmatic Chaos팀이 차지했습니다. 참고로, 이 팀은 당시 1위 팀인 벨코어 인 빅카오스BellKor in BigChaos가 수상을 위한 기준인 정확도 향상 10%에 미치지 못하다가 2위 팀인 프래그매틱 디오리Pragmatic Theory와 합병하여 수상 기준을 충족했습니다. 당시에는 벨코어스 프래그매틱 카오스 팀을 제외한 다른 팀에서도 팀의 합병이 빠르게 이루어졌습니다. 그랜드 프라이즈Grand Prize, 밴딜레이 인더스트리즈Vandeley Industries, 그리고 오페라 솔루션즈Opera Solutions 팀이 합병하며 더 앙상블The Ensemble 팀이 만들어졌고, 이 팀은 당시 1위였던 벨코어스 프래그매틱 카오스 팀과 동점이었습니다. 결과가 동점이었기 때문에, 20분 먼저 제출한 벨코어스 프래그매틱 카오스 팀이 1위를 차지하게 되었습니다.

2부_서비스로 살펴보는 추천 알고리즘

이 대회는 실제 서비스에서 축적된 사용자의 빅데이터를 제공한
첫 대회였고, 이 대회 당시에 나온 놀라운 아이디어는 데이터 마이닝
분야에 큰 발전을 가져왔습니다. 데이터 마이닝은 빅데이터에서 패턴
을 찾아내고 분석해 딥 러닝과 머신러닝에서 사용하기에 적합하도록
데이터를 변환하는 과정을 말합니다. 이 대회를 통해 데이터 마이닝
기법 중 하나인 앙상블 기법이 주목을 받았고, 이로 인해 딥 러닝과 머
신러닝이 더욱 발전할 수 있었습니다. 이 대회의 가장 큰 수확은 넷플
릭스의 콘텐츠 추천 정확도가 10% 이상 높아진 계기가 되었다는 점
입니다.

🔼 그림 10-3 넷플릭스 프라이즈의 최종 우승팀인 벨코어스 프래그매틱 카오스

넷플릭스의 추천 시스템

대회까지 열어 그 성능을 개선시키려는 시도를 할 정도로, 넷플릭스는 추천 시스템을 아주 중요하게 생각합니다. 실제로 넷플릭스에서 소비되는 콘텐츠의 75% 이상이 추천된 콘텐츠입니다. 만약 사용자의 취향에 적합한 콘텐츠를 추천할 수 있다면, 다시 말해 사용자가 다음으로 볼 콘텐츠를 예측할 수 있다면, 사용자가 넷플릭스를 더 오래 사용할 이유가 됩니다.

넷플릭스는 사용자가 더 오래 머무르고, 서비스를 오래 이용할 수 있도록 다양한 방법으로 사용자에게 콘텐츠를 추천합니다. 시청 기록이나 콘텐츠에 대한 평가는 물론이고, 사용자 기반 협업 필터링이나 장르, 카테고리, 배우, 콘텐츠의 출시연도와 같은 콘텐츠에 대한 데이터도 사용합니다. 이에 그치지 않고 사용자가 하루 중에서 주로 콘텐츠를 시청하는 시간대와 넷플릭스에 접속하는 디바이스, 시청 시간 등 다양한 데이터를 실제 추천 시스템에 반영하고 있습니다.

넷플릭스는 많은 데이터를 추천 시스템에 사용하고 있습니다. 넷플릭스에 접속하면 나타나는 여러 콘텐츠는 우선순위에 따라 배치됩니다. 가로줄 단위로 선호하는 카테고리가 나뉘고, 하나의 가로줄에서 선호도가 높은 콘텐츠가 왼쪽에 배치됩니다. 사용자가 선택하는 콘텐츠의 썸네일 데이터에 따라 노출되는 콘텐츠의 썸네일이 변하기도 합니다. 넷플릭스의 추천 방정식을 통해 실제 서비스에서 사용하는 다양한 추천 시스템을 살펴보겠습니다.

⬆ 그림 10-4 두 프로필에 노출되는 다른 콘텐츠

넷플릭스의 카테고리는 다양합니다. 넷플릭스 오리지널, 미국 TV 시리즈, 코미디, 리얼리티 TV, 한국 드라마 & 버라이어티 등 다양한 이름으로 카테고리가 분류되어 있습니다. 필자가 나열한 카테고리의 이름은 실제로 필자의 넷플릭스에 노출되는 카테고리 이름입니다. 넷플릭스의 추천 시스템은 카테고리의 이름마저 개인에게 맞춤으로 추천하고 있기 때문에, 독자 여러분과 비교하여 그 순서와 이름이 다를 수밖에 없습니다. 실제로 필자가 사용하는 계정의 다른 프로필에서는 '미국 TV 시리즈'라는 이름 대신, '미국 TV 프로그램'이라는 이름을 사용하고 있습니다.

같은 카테고리에 속한 콘텐츠라도 개개인마다 노출되는 콘텐츠의 순서가 다릅니다. 콘텐츠가 가지고 있는 메타데이터를 기반으로 사용자가 콘텐츠를 선택하거나, 시청 또는 평가한 내용, 시청한 시간 등을 포함하여 점수를 계산합니다. 이렇게 계산된 콘텐츠의 점수에 따라 콘텐츠의 노출 순서를 정해 사용자에게 맞춤 추천을 합니다. 마지막으로, 넷플릭스의 모든 콘텐츠는 사람마다 다른 썸네일을 노출합니다. 동영상 콘텐츠에는 수많은 프레임의 이미지가 있습니다. 이 이미지 중에서 하나를 골라 썸네일로 사용하는데, 이 썸네일에도 사용자의 취향이 반영됩니다.

썸네일 추천 시스템은 필자의 프로필 A와 프로필 B에서 콘텐츠를 검색한 결과를 비교하면 금방 확인할 수 있습니다. 프로필 A에 노출되는 〈기묘한 이야기〉와 〈종이의 집〉의 썸네일과 프로필 B에서 나타나는 같은 콘텐츠의 썸네일이 다른 것을 확인할 수 있습니다. 프로필 A는 주로 밝은 분위기의 콘텐츠를 시청했고, 프로필 B는 어두운 분위기의 콘텐츠를 주로 시청했습니다. 넷플릭스는 사용자에게 자주 선택된 썸네일의 분위기에 따라, 콘텐츠 하나하나가 가지고 있는 썸네일을 변경합니다. 썸네일을 변경할 때에는 사용자가 콘텐츠를 선택할 확률이 높은 썸네일을 추천하여 넷플릭스에서 보다 많은 콘텐츠를 시청하고, 이 서비스에 오래 머무르도록 추천 시스템을 적용합니다.

🔼 그림 10-5 프로필 A(위)와 프로필 B(아래)의 〈기묘한 이야기〉 검색 결과

이처럼 추천 시스템이 서비스에 사용될 때, 모든 서비스가 공통적으로 이루고자 하는 목적은 '사용자가 이 서비스를 더 자주, 더 많이 사용하도록 만드는 것'입니다. 사용자가 많은 서비스는 회사의 가치를 높여줍니다. 그리고 회사가 사용자를 더 많이 유치하려면, 사용자 개인에게 적절한 콘텐츠나 아이템을 추천해서 사용자가 서비스에 오래 머무르도록 해야 합니다. 사용자의 취향에 맞는 콘텐츠를 추천하는 일은 다시 말해, 사용자가 다음에 선택할 확률이 높은 콘텐츠를 예측하는 일입니다. 사용자의 취향을 기반으로 추천 시스템을 적용할 때에는 앞서 설명한 기본적인 협업 필터링과 머신러닝 모델 기반 협업 필터링 그리고 수많은 알고리즘이 필요합니다. 뿐만 아니라 넷플릭스의 썸네일 추천 시스템처럼 추천 시스템을 적용할 수 있는 다양한 방법을 발견하는 일도 매우 중요합니다.

이 장에서는 콘텐츠 기반 추천 시스템과 머신러닝으로 고도화된 넷플릭스의 추천 시스템을 살펴보았습니다. 추천 시스템은 사용자가 서비스를 오래 이용하여 회사의 이익을 도모하기 위해 만들어졌고, 발전하고 있습니다. 그러나 이 서비스를 통해 사용자 본인도 몰랐던 콘텐츠나 아이템의 소비 습관이나 취향을 확인할 수 있습니다. 정보 필터링 기반의 추천 시스템은 기본적으로 사용자의 과거 데이터에 의존하여 사용자가 선택할 미래를 예측합니다. 그러다 보니 사용자의 취향이나 생활 패턴이 달라진다면, 추천 시스템이 원활하게 적용되지 못할 수 있습니다. 이런 문제를 해결하기 위해 시간에 따른 변화를 고려한 추천 시스템도 활발하게 연구되고 있습니다.

추천 시스템을 디자인하는 사람은 어떤 추천 시스템을 어디에, 어떻게, 왜 적용하는지 명확하게 설명할 수 있어야 합니다. 다시 말해, 모든 추천 시스템은 서비스의 목적과 디자인 의도에 따라 가중치가 다르게 적용될 수 있습니다. 같은 콘텐츠에 [좋아요] 버튼을 누르더라도 넷플릭스에서는 1점으로, 쿠팡 플레이에서는 2점으로 적용될 수 있습니다. 다음 장에서는 이 시대를 대표하는 동영상 플랫폼, 유튜브의 추천 시스템을 살펴보겠습니다.

Q. 넷플릭스는 사용자의 데이터 축적이 현재의 성공 원인이라고 봐도 과언이 아닐 것 같은데요. 하지만 무조건 데이터만 쌓아 놓는다고 좋을 것 같지는 않습니다. 데이터가 많아도 이를 활용하지 못할 수도 있지 않나요? 어떻게 하면 데이터 축적을 잘할 수 있을까요? 넷플릭스는 이런 노하우가 있었을까요?

A. 개발하는 과정에는 디버깅이라고 하는, 버그를 찾기 위해 코드를 순차적으로 실행하는 과정이 있습니다. 코드가 실행되는 모든 과정이 기록되어 있기 때문에, 개발자는 버그를 찾기 위해 디버깅을 할 수 있습니다. 사용자의 데이터를 수집할 때에도 마찬가지입니다. 가능한 모든 사용자 데이터를 저장해두면, 미래의 나 또는 다른 개발자가 이 데이터를 활용해 다양한 활동을 할 수 있습니다. 서비스를 설계할 때에는 수집할 데이터를 정의하고, 어디에 어떻게 저장할지, 저장하려는 데이터에 불법적인 요소는 없는지, 저장한 데이터가 유출될 일은 없는지 설계하고 점검합니다. 말은 쉽지만, 항상 시간이 부족한 초기 스타트업에서는 모든 과정이 잘 지켜지지 않는 경우가 대부분입니다. 그리고 대부분의 IT 대기업은 이런 초기 스타트업 과정을 거쳐 성장합니다. 모든 과정이 잘 지켜지지 않은 채 성장하는 경우가 대부분이라는 말입니다. 따라서 시간이 지난 후라고 할지라도, 끊임없이 축적된 데이터를 관리하고, 새롭게 수집할 데이터를 설계하고 점검해야 합니다. 넷플릭스는 초기의 온라인 DVD 대여 사업을 할 때부터 이미 데이터를 저장하기 위한 구조를 설계하고, 그 과정을 점검한 경력이 있습니다. 그리고 이를 바탕으로 다음 사업에 필요한 데이터를 수집할 계획을 수립할 수 있었을 겁니다.

Q. 데이터 마이닝이 딥 러닝과 머신러닝에 사용하기 적합하도록 데이터를 변환하는 과정이라고 하였는데요. 데이터 전처리라는 개념과는 무엇이 다른 건가요?

A. 데이터 전처리는 데이터 마이닝의 과정에 포함된 작은 개념입니다. 데이터 마이닝은 수집되어 있는 데이터로부터 유용한 정보를 추출하는 작업 또는 의미 있는 패턴을 발견하기 위해 자동/반자동 기술을 사용해 대용량 데이터를 탐사 및 분석하는 작업입니다. 일반적으로 데이터로부터 정보를 만들고, 정보를 토대로 지식이 만들어집니다. 데이터 마이닝은 조합, 예측, 군집 등 다양한 기법으로 수많은 데이터의 호수로부터 정보를 만들기 위한 과정입니다. 데이터 전처리는 선택된 데이터를, 정보를 만들기 위해 필요한 데이터로 변환하는 과정입니다.

Q. 넷플릭스는 추천 알고리즘 대회를 열어 정확도를 개선했다고 했는데요. 이런 대회도 기업의 입장에서는 상당히 이득이 많을 것 같습니다. 혹 비슷한 사례를 소개할 수 있나요?

A. 개발자들을 대상으로 이뤄지는 다양한 해커톤이 이런 사례에 해당합니다. 구글의 데이터 전문가 커뮤니티인 캐글(Kaggle)에서 다양한 기업의 문제를 AI로 해결하는 경진 대회를 열고 있습니다. 2022년에는 글로벌 금융기업인 옵티버(Optiver)가 주최한 '주가 변동성 예측(Optiver Realized Volatility Prediction)' 대회에서 국내 AI 스타트업 업스테이지가 2위를 차지하기도 했습니다. 참고로 업스테이지는 2021년에 글로벌 오픈마켓 쇼피(Shopee)가 주최한 '가격 일치 보장(Price Match Guarantee)' 대회에서 1위를 차지했습니다. 옵티버나 쇼피처럼 대회를 주최하여 새로운 아이디어 또는 기술을 수급하는 기업도 이득이지만, 이런 대회에 참여하여 자사의 기술력을 홍보하는 수단으로 사용할 수도 있어 스타트업에게도 아주 큰 기회로 작용하고 있습니다. IT 업계에도 다양한 분야의 해커톤이 있으며, 주최하는 회사나 단체의 요구사항에 따라 다양한 솔루션이 제시됩니다.

Q. "사용자를 얼마나 오래 머물게 할 것이냐"가 핵심인 것 같습니다. 유튜브 홈에 있다가 시간 가는 줄 모르고 몇 시간이 훌쩍 지나간 경험이 다들 있을 것 같은데요. 추천 알고리즘이 핵심적인 역할을 하는 거겠지요? 이것을 보면 얼마나 좋은 추천 알고리즘을 만들어내느냐가 앞으로의 서비스에 정말 핵심적인 역할을 할 것 같은데요. 그 기술은 현재 어디까지 와있을까요?

A. 이런 서비스 형태를 앨리스의 토끼굴(래빗홀, Rabbit Hole)이라고도 합니다. 이 말은 동화 〈이상한 나라의 앨리스〉를 모티브로 한 용어입니다. 동화에서는 앨리스가 토끼를 따라 굴로 뛰어들고, 발을 내딛게 된 이상한 나라에서 앨리스는 낯설고 신기한 경험을 하게 됩니다. 문을 열거나 장소가 바뀔 때마다 새로운 사람과 새로운 사건을 만나게 됩니다. 점점 이상한 나라에 빠져들어 어디서 출발했는지는 잊어버리게 된다는 의미에서, 또는 헤어 나오기 어렵다는 의미에서 이 용어를 사용합니다. IT 서비스에서는 사용자를 오래 머물게 하는 장치들을 래빗홀로 표현하기도 합니다. 래빗홀을 잘 활용한 대표적인 서비스는 위키피디아입니다. 위키피디아에서 새로운 단어를 찾아보다가, 모르는 단어를 클릭해 다른 링크로 넘어가다 보면 어느 순간 처음 찾으려던 단어와 관계없는, 전혀 새로운 단어를 찾아보고 있는 스스로를 발견할 수 있습니다. 생각지도 못하게 시간이 지나버린 건 덤입니다. 이렇게 사용자를 오래 머물게 하는 장치에는 넷플릭스처럼 추천 시스템이 핵심적인 역할을 하는 경우도 있지만, 위키피디아처럼 그렇지 않은 경우도 있습니다. 각 기업에서 제공하는 서비스의 특징에 따라 래빗홀을 설계한다면, 사용자를 충분히 오래 머물게 할 수 있을 겁니다.

추천 시스템은 어느덧 새로울 게 없는 수준까지 발전했습니다. 그러나 기업에서 제공하는 서비스에 따라, 세상에 없던 새로운 형태의 추천 시스템이 제공될 수도 있습니다. 1장에서 언급한 다음카카오의 뉴스 추천 서비스처럼 말입니다. 이 과정이나 각종 해커톤을 통해 새로운 아이디어가 제안되고, 기술이 발전됩니다. 상용화 수준인 추천 시스템은 아직도 발전할 여지가 많습니다.

11장
유튜브의
추천 알고리즘

이전 장에서는 넷플릭스의 추천 시스템을 살펴보았습니다. 넷플릭스는 사용자 개개인의 데이터를 이용해 가능한 모든 방법을 이용해 콘텐츠를 추천합니다. 콘텐츠의 메타데이터, 사용자 또는 아이템 기반 협업 필터링과 KNN 알고리즘, 더 나아가 다양한 딥 러닝과 머신러닝 모델을 활용해 사용자의 취향에 가장 적합한 콘텐츠를 추천합니다. 넷플릭스로 살펴본 추천 시스템은 사용자를 서비스에 더 오래 머무르도록 유도하는 최고의 장치입니다.

유튜브와 넷플릭스의 차이

유튜브는 사람들이 세상에서 가장 많은 시간을 보내는 동영상 콘텐츠 플랫폼입니다. 사용 데이터를 살펴보면 사람들이 유튜브에서 보내는 일일 평균 시간은 하루에 40분이고, 하루 동안 유튜브에 업로드되는 동영상 콘텐츠는 50억 개에 이릅니다. 유튜브의 MAUMonthly Active Users[*]는 월간 15억 명에 달합니다. 유튜브의 일일 활성 사용자는 3천만 명이고, 한 번 방문한 사용자는 평균적으로 40분 동안 콘텐츠를 소비합니다. 유튜브라는 제품은 동영상 플랫폼이라는 점에서 동영상을 직접 제공하는 넷플릭스와는 차이가 있습니다.

---

[*] 한 달 내에 서비스를 이용한 사용자를 나타내는 활성 사용자

그림 11-1 유튜브 사용자의 사용 데이터 평균

넷플릭스는 방송국이나 영화사와 같이 오랜 역사를 가진 전통적인 콘텐츠 제작자에 의해 제작된 동영상 콘텐츠를 제공하는 서비스입니다. 넷플릭스와는 달리 유튜브는 누구나 동영상을 업로드할 수 있고, 동시에 누구나 유튜브에 업로드된 동영상 콘텐츠를 소비할 수 있는 플랫폼입니다. 넷플릭스는 콘텐츠 제작자로부터 소비자로 콘텐츠를 제공하는 단방향 서비스이고, 유튜브는 누구나 동영상을 업로드하고 누구나 동영상을 소비할 수 있는 양방향 플랫폼이라는 차이가 있습니다.

유튜브에서 동영상을 업로드하는 과정은 매우 단순합니다. 영상 파일과 제목만 있으면, 누구나 동영상을 업로드할 수 있습니다. 유튜브라는 플랫폼의 사용자에게는 방법이 매우 편리하지만, 이런 동영상을 다른 사람들에게 노출하는 일은 결코 쉽지 않습니다. 전통적인 콘텐츠 제작자에 의해 제작된 동영상 콘텐츠는 카테고리와 장르 등으로 구분 짓는 일련의 과정을 반드시 거쳐야 합니다. 따라서 콘텐츠 자체가 감독, 배우, 장르와 같은 메타데이터를 일부 포함할 수 있습니다. 그러나 유튜브에 동영상을 업로드할 때에는 제목만 있어도 충분합니다. 다시 말해, 메타데이터로 추출할 수 있는 내용이 거의 없습니다. 이런 이유로 유튜브에서 이뤄지는 추천 알고리즘은 아주 특이한 구조를 가지게 되었습니다. 이 장에서는 동영상 콘텐츠의 양방향 플랫폼, 유튜브의 추천 알고리즘을 살펴봅니다.

유튜브의 역사와 유튜브의 동영상 추천 시스템

유튜브는 2005년 미국에서 개발된 동영상 공유 플랫폼입니다. 처음으로 등록된 동영상은 유튜브의 공동 창업자 조드 카림Jawed Karim이 캘리포니아의 샌디에이고 동물원에서 찍은 "Me at the zoo"라는 제목의 동영상입니다. 이 동영상으로 유튜브는 본격적인 서비스를 시작했고, 약 1년 뒤인 2006년 7월에는 하루 동안 6만 5천 여 개의 새로운 동영상이 업로드되었습니다. 동시에 모든 사용자가 하루 동안 동영상을 시청한 횟수는 1억 건을 돌파하였습니다. 당시에는 휴대전화에 지금의 스마트폰과 같이 고화질의 카메라가 포함되어 있지 않았고,

🔼 그림 11-2 초기 유튜브의 화면

동영상 촬영을 위해서는 캠코더와 같은 별도의 장비가 필요했다는 점을 생각하면, 그야말로 폭발적인 숫자의 동영상이 업로드되고 재생된 겁니다. 초기의 유튜브는 가장 큰 두 가지 문제에 직면했습니다. 서비스가 지나치게 빠르게 성장한 나머지 발생한 엄청난 트래픽 증가 문제와 유튜브에 업로드된 일부 동영상이 저작권 소송에 휘말릴 여지가 발견된 겁니다. 다행히 이 문제는 구글이 유튜브를 인수하고, 여러 엔터테인먼트 회사와 저작권과 관련한 협의를 진행하며 해결되었습니다.

2006년 10월, 유튜브는 구글에 인수 합병되었습니다. 이 시기의 유튜브는 조회수가 높은 동영상을 추천하는 베스트셀러 기반 추천 시스템을 적용하고 있었습니다. 그리고 베스트셀러 기반 추천 시스템의 고질적인 문제인 일부 사용자의 조회수 남용으로 인해 사용자 만족도가 급격히 추락했습니다. 유튜브는 이런 문제를 해결하기 위해 본격적으로 추천 알고리즘 연구에 박차를 가했습니다. 그리고 2010년, 〈유튜브 동영상 추천 시스템〉이라는 제목의 논문이 RecSys[*]에 게재되면서 처음으로 유튜브에 개인 맞춤 추천 시스템이 고려되었습니다. 이 논문에 따르면, 서비스가 출시된 이후 유튜브를 이용하는 사용자는 세 부류로 나눌 수 있습니다. 첫 번째로 유튜브를 제외한 외부 사이트에 유튜브 동영상 플레이어가 삽입되어 유튜브 영상을 시청하는 경우, 두 번째로 검색을 통해 원하는 영상을 찾아 시청하는 경우 그리고 마지막으로 재밌는 영상을 보면서 여가 시간을 보내는 경우였습니다. 이중에서 유튜브의 영상으로 여가 시간을 보내는 사람들을 위해, 유튜브의 추천 알고리즘이 고안되었습니다.

[*] ACM Conference on Recommender Systems, 추천 시스템 ACM 학회

유튜브의 특징과 추천 시스템

유튜브에서 추천 시스템을 어떻게 적용했는지 파악하기 위해서는 유튜브의 특징을 살펴보아야 합니다. 유튜브는 업로드된 동영상과 사용자가 굉장히 많고, 업로드된 동영상의 재생시간은 대부분 15분 내외로 짧습니다. 그리고 짧은 시간에 많이 조회되는 동영상이 많아서, 추천 목록을 짧은 주기로 업데이트해야 합니다. 뿐만 아니라, 개인에게 맞춤 추천을 하기 위해서는 사용자의 행동 데이터를 바탕으로 동영상을 추천해야 합니다. 적절한 동영상이 사용자 개인에게 추천되기 위해서는 사용자의 데이터를 바탕으로 추천할 때 발생할 수 있는 콘텐츠 편식 문제도 해결해야 합니다.

유튜브는 사용자에게 맞춤 추천을 하기 위해 몇 가지 목표를 정했습니다. 추천되는 동영상 목록이 주기적으로 업데이트되어야 하고, 사용자의 행동 데이터를 바탕으로 동영상을 추천합니다. 그리고 사용자에게 다양한 스펙트럼의 동영상을 추천해야 합니다. 그렇지만 앞서 언급한 것처럼 이 문제를 해결하려고 해도, 유튜브에 업로드된 수십 억 개의 동영상을 다루는 일은 매우 어렵습니다. 지금의 기술로 이 일이 가능하더라도, 시간이 많이 소요되기 때문에 현실적으로 서비스에 반영되지 못합니다. 따라서 유튜브는 사용자의 시청기록을 바탕으로 관계있는 동영상을 필터링하는 후보자 생성과 필터링된 동영상에 순위를 매기는 방법을 사용했습니다.

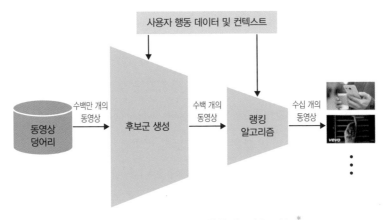

후보자 생성(Candidate Generation)은 사용자가 관심을 보인 동영상과 유사한 동영상을 추천 후보군으로 필터링하는 과정입니다. 사용자가 관심을 보인 동영상은 사용자가 시청한 기록이 있거나, [좋아요], 나중에 볼 동영상에 추가 등 동영상에 관심을 보인 행동 데이터를 기반으로 정리합니다. 사용자가 관심을 보인 동영상의 제목과 설명(Description), 해시태그 등을 메타데이터로 사용하고, 사용자의 평가나 시청 시간 등 행동 데이터를 암묵적 피드백으로 사용하여 사용자의

* 출처: Paul Covington, Jay Adams, and Emre Sargin, 2016, Deep Neural Networks for YouTube Recommendations, Google, RecSys 2016)

취향을 분석합니다. 사용자가 관심을 보인 동영상을 토대로 아이템 기반 협업 필터링을 적용해 이와 유사한 동영상을 필터링하여 추천 후보군을 만듭니다. 다시 말해, 후보자 생성은 사용자의 취향을 기반으로 사용자가 아직 시청하지 않은 동영상을 사용자의 취향에 맞게 필터링하는 과정입니다.

순위를 매기는 방법(Ranking)은 이렇게 필터링한 동영상을 기반으로, 각각의 동영상과 유사한 동영상을 찾아내는 과정입니다. 후보자 생성을 통해 필터링한 추천 후보군을 겹치지 않도록 여러 번 반복하여, 보다 넓은 범위의 후보군을 생성합니다. 이렇게 생성한 추천 후보군에서 몇 가지 기준에 따라 점수를 계산하고, 동영상의 순위를 결정합니다. 유튜브에서 사용하는 구체적인 계산식은 공개되지 않았지만, 기준으로 사용하는 항목은 공개되어 있습니다.

유튜브는 동영상의 품질, 사용자의 취향, 그리고 다양성을 기준으로 동영상의 순위를 결정합니다. 동영상의 품질(Video Quality)은 사용자와 관계없이, 유튜브에서 동영상을 평가하는 점수입니다. 동영상의 시청 횟수, 공유된 횟수와 같이 측정할 수 있는 숫자로 동영상의 품질이 결정됩니다. 사용자의 취향(User Specificity)은 사용자가 관심을 보인 동영상의 메타데이터와 동영상의 품질, 사용자의 행동 데이터가 반영됩니다. 그리고 다양성(Diversification)은 메타데이터를 기반으로 한 추천 시스템에서 발생하는 콘텐츠 편식 문제를 해결하기 위해

편향된 동영상을 후보군에서 일부 제거하고, 다른 취향의 동영상을 추가합니다.

유튜브는 하루에도 몇 번씩 홈 화면에 노출되는 동영상을 업데이트합니다. 사용자가 동영상에 관심을 보일 때마다 사용자의 홈 화면을 업데이트하는 일은 불가능에 가깝습니다. 동영상과 사용자의 수가 방대하여 사용자 한 명의 행동을 매번 반영하는 일이 현실적으로 어렵기 때문입니다. 유튜브는 이런 문제를 해결하기 위해, 하루에 몇 번을 정해 노출되는 동영상의 목록을 업데이트합니다. 동영상의 목록을 업데이트할 때에는 일정 기간 동안 사용자가 관심을 보인 동영상을 후보자 생성 과정에 추가하여 새로운 후보군을 필터링하고 순위를 정하는 방법을 다시 적용합니다. 이 과정을 통해 추천된 동영상은 조회수나 추천수로 동영상을 추천할 때에 비해, 평균적으로 두 배나 많은 사용자가 시청을 위해 클릭한 사실을 확인할 수 있습니다.

유튜브 추천 시스템의 발전

그러나 앞서 간략하게 소개한 것처럼, 유튜브는 제목만 입력해도 동영상을 업로드할 수 있습니다. 동영상을 업로드할 때 의도적으로 부적절한 제목이나 설명을 삽입한다면, 동영상의 메타데이터를 신뢰하지 못할 수 있습니다. 예를 들어 최초로 업로드된 동영상의 제목이 "Me at the zoo"가 아니라, "Me at the apartment in New York"이었다면, 동영상이 담고 있는 내용과 제목이 알맞지 않습니다. 만약 콘텐츠 기반 추천 시스템을 사용하기 위해 메타데이터를 추출한다면, 이 동영상은 동물원(zoo)이 아니라 뉴욕(New York)이라는 메타데이터를 가지게 될 겁니다. 이렇게 잘못 추출된 메타데이터는 추천 시스템이 정상적으로 동작할 수 없게 하는 하나의 요인이 될 수 있습니다. 따라서 유튜브에 업로드된 동영상의 메타데이터는 불완전할 수 있다는 문제가 있습니다.

유튜브는 사용자가 업로드한 동영상으로부터 얻을 수 있는 메타데이터의 한계를 극복하기 위해 추천 알고리즘을 더욱 발전시켰습니다. 2016년 국제 추천 시스템 학회(RecSys)에 제출된 〈유튜브의 추천 알고리즘을 위한 딥 뉴럴 네트워크〉라는 제목의 논문을 통해 유튜브의 추천 알고리즘이 이전의 방식에서 어떻게 발전했는지 확인할 수 있습니다. 이 논문이 발표된 시점을 전후로 하여, 유튜브는 수많은 업데이트를 진행했습니다. 그중 추천 알고리즘의 개선을 위한 업데이트는 [좋아요] 버튼과 추천된 동영상에 대한 만족도 조사와 같은 명시적 피드백과 동영상을 끝까지 시청했는지 파악하는 등의 암묵적 피드백이 포함되었습니다.

추천 알고리즘을 개선하기 위해 유튜브는 데이터 추가적으로 수집하는 것뿐만 아니라, 사용자가 하루 중 동영상 콘텐츠를 언제 시청

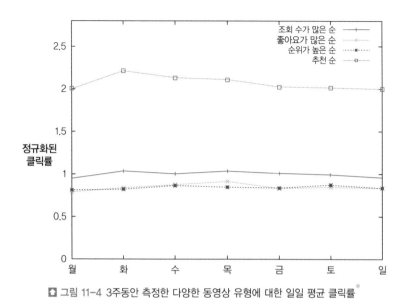

🔼 그림 11-4 3주동안 측정한 다양한 동영상 유형에 대한 일일 평균 클릭률[*]

할지 계산하기 시작했습니다. 이로 인해 점심이나 저녁 시간대에는 요리와 관련된 동영상 콘텐츠를 추천하고, 출근길에는 날씨, 교통정보, 또는 뉴스를 추천하는 일이 가능해졌습니다. 이를 위해 유튜브는 사용자가 관심을 보인 동영상의 데이터와 시간에 따른 사용자의 행동 데이터를 조합하여 추천을 위한 아이템 유사도를 계산하는 공식을 만들었습니다. 이 공식을 추천 알고리즘에 적용해 단순하게 수십억 개의 동

---

[*] 출처: James Davidson, Benjamin Liebald, Junning Liu, Palash Nandy, and Taylor Van Vleet, 2010, The YouTube Video Recommendation System, Google, RecSys 2010)

2부_서비스로 살펴보는 추천 알고리즘

영상 중에서 수백 개의 동영상을 필터링하는 수준을 넘어 특정 시간에 시청할 가능성이 높은 동영상을 필터링할 수 있게 된 겁니다.

그러나 수십억 개의 동영상을 몇 백 개로 필터링하고, 다시 한번 시간대에 따라 필터링하는 일은 여전히 시간이 오래 걸립니다. 이 문제를 해결하기 위해 유튜브는 후보자 생성 과정에 딥 러닝 모델을 사용했는데, 이때 적용한 모델이 근사 KNN 알고리즘입니다. 근사 KNN 알고리즘(Approximate K-nearest Neighbor Search Algorithm)은 기존의 KNN 알고리즘과 동일한 방식을 사용하지만, 수십억 개의 동영상을 직접 비교하지 않습니다. 그 대신 대표적인 특징이 있는 동영상을 선택하고, 선택한 동영상과 필터링된 동영상을 비교하여 추천할 동영상의 후보군을 결정합니다.

당연하게도 필터링된 동영상과 나머지 모든 동영상을 직접 비교하여 추천할 후보군을 결정하는 것이 가장 정확합니다. 그럼에도 근사 KNN 알고리즘을 사용하는 이유는 비교할 대상이 수십억 개에 달해 동영상을 추천하는 데까지 오랜 시간이 소요된다는 점과, 머신러닝 과정에서 대표성을 띄지 못하는 동영상 샘플을 함께 학습시켜 중요성 보정(Importance Wighting)을 통해 동영상 전체를 학습한 것과 유사한 결과를 얻을 수 있다는 점 때문입니다. 실제로 유튜브는 사용자가 체감하는 정도의 차이를 확인하기 위해 여러 버전의 근사 KNN 알고리즘을 구현하여 테스트했지만, 사용자가 체감할 수 있는 차이는 발견할 수 없었습니다.

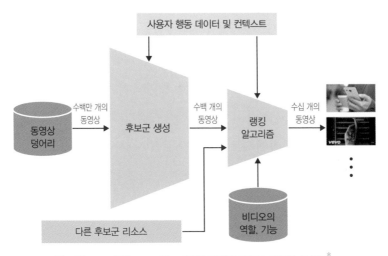

△ 그림 11-5 근사 KNN 알고리즘을 적용한 유튜브 동영상 모식도*

현재의 유튜브 랭킹 과정

랭킹 과정에서는 이렇게 생성된 후보군의 세부사항을 비교하여 순위를 결정합니다. 앞서 설명한 동영상의 품질, 사용자의 취향, 다양성을 보다 세분화할 수 있는 데이터가 추가되었고, 추가된 데이터를 조합하여 다양한 평가 체계를 적용했습니다. 이 과정에서는 개선된 계

---

* 출처: https://research.google.com/pubs/archive/45530.pdf

2부_서비스로 살펴보는 추천 알고리즘

산식에 따라 후보군 중에서 추천할 동영상 목록을 최종 결정합니다. 이 과정에는 눈여겨보아야 할 두 가지가 있습니다. 하나는 가장 영향을 크게 끼친 요소가 사용자가 시청한 동영상에 참여한 암묵적 피드백이었다는 점입니다. 사용자의 취향 데이터에 따라 선택된 동영상이 실제로 사용자가 시청할 가능성이 가장 높았습니다. 두 번째는 동영상이 사용자에게 노출된 시간이 사용자가 동영상을 선택할 확률에 영향을 끼친다는 점입니다. 유튜브에 접속하면 노출되는 동영상이 일정 시간 동안 선택되지 못하면, 사용자가 선호하지 않는 동영상으로 판단하는 암묵적 피드백 데이터로 사용됩니다. 오늘날의 유튜브는 몇 초의 시간을 기준으로 추천 동영상을 변경하고 있습니다. 유튜브에 접속한 뒤, 동영상을 클릭하지 않고 시간을 보낸 다음 페이지를 새로고침 하면 새롭게 업데이트된 동영상 목록을 만날 수 있습니다.

이 장에서는 누구나 동영상을 업로드할 수 있고, 누구나 동영상 콘텐츠를 소비할 수 있는 세계 최대 동영상 콘텐츠 플랫폼, 유튜브의 추천 알고리즘을 살펴보았습니다. 유튜브의 추천 알고리즘에도 명시적 피드백과 암묵적 피드백이 모두 사용됩니다. 동영상을 업로드할 때 제목과 설명, 그리고 해시태그를 잘 작성하는 것만으로 명시적 피드백을 충분히 달성할 수 있습니다. 그러나 유튜브는 조회수만 높고 시청 시간이 짧은 동영상을 남용 행위로 분류하여 필터링합니다. 더 많은 수익을 창출하기 위해 동영상을 자주 클릭하는 행위는 오히려 동영상의

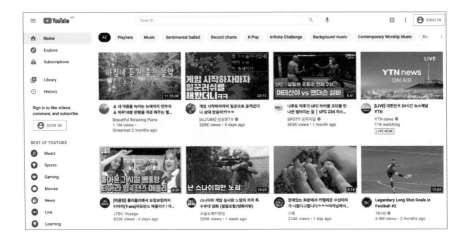

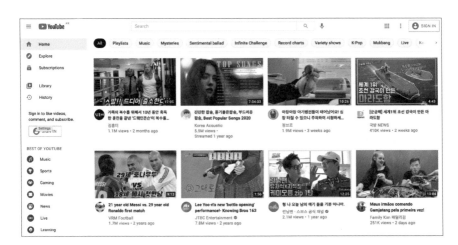

그림 11-6 유튜브 메인 화면에서 30초 간격으로 '새로고침'한 결과

2부_서비스로 살펴보는 추천 알고리즘

품질에 나쁜 영향을 끼칠 수 있습니다. 조회수와 관계없이, 시청 시간이 긴 동영상은 사용자가 선호하는 동영상으로 판단합니다. 그러나 상대적으로 재생 시간이 긴 동영상일수록 평균 시청 시간이 길어집니다. 유튜브의 추천 알고리즘은 이런 부분을 고려하여 밸런스를 잘 맞출 수 있도록 꾸준히 개선하고 있습니다.

이전 장의 넷플릭스와 이번 장의 유튜브는 동영상이라는 콘텐츠 유형은 동일하지만, 제공하는 서비스에 차이가 있는 만큼 다른 형태의 추천 시스템을 사용합니다. 이렇게 비슷한 아이템을 다루더라도 서비스나 제품을 제공하는 방식에 따라 추천 시스템은 다양하게 디자인될 수 있습니다. 다음 장에서는 하루 동안 평균적으로 가장 오랫동안 사용하는 SNS, 페이스북의 추천 시스템을 살펴보겠습니다. 페이스북은 뉴스피드에 게시물을 추천할 때와 친구를 추천할 때 조금 다른 방식을 사용합니다. 다음 장에서는 다양한 페이스북의 추천 알고리즘 중에서도 뉴스피드에 적용된 게시물 추천 시스템을 설명합니다.

Q. 유튜브의 동영상 재생시간이 너무 길면, 추천 시스템에서 어떤 영향이 있나요? 그리고 재생시간이 사용자 증감에 영향을 끼치는 경우가 있는지요? 대부분 유튜브 동영상은 짧은 경우가 많지만 어떤 동영상의 경우 한 시간 이상도 많이 본 것 같습니다.

A. 동영상의 길이도 유튜브 추천 시스템에 영향을 끼칩니다. 400만 뷰를 달성한 1분 길이의 동영상과 10만 뷰를 달성한 1시간 길이의 동영상은 큰 차이가 있습니다. 둘 중 어떤 동영상이 다른 사람에게 더 쉽게 추천될까요? 경우에 따라 다르겠지만, 1시간 길이의 동영상이 추천될 겁니다. 간단하게 계산해보겠습니다. 1분 길이의 동영상은 사용자의 시간을 400만 분(1분×400만 뷰) 동안 유튜브에 잡아두었습니다. 마찬가지로 1시간 길이의 동영상은 사용자의 시간을 600만 분(60분×10만 뷰) 동안 유튜브에서 사용하게 했습니다. 아직 동영상을 보지 않은 사람 60명 중에서 1명만 끝까지 시청한다면, 1분 길이 동영상으로 60번 반복되는 것보다 더 효율적인 래빗홀을 설계할 수 있습니다. 따라서 유튜브의 입장에서는 1시간 길이의 10만 뷰를 추천해야 합니다. 그러나 앞서 말한 것처럼 실제로 추천되는 동영상은 경우에 따라 다릅니다. 최근에는 틱톡이 빠르게 성장하며 짧은 동영상에 대한 요구가 높아졌습니다. 이런 시대적 상황에 따라 1분 길이의 동영상이 더 빠르게 확산될 수 있으며, 1분짜리 동영상을 60명이 아니라 600명이 볼 수만 있다면, 더 많은 사람이 유튜브에서 시간을 보내게 될 겁니다. 만약 유튜브를 직접 운영하고 있다면, 유튜브 스튜디오에서 채널의 평균 시청시간을 확인해보는 게 좋습니다. 그리고 시청시간의 평균을 최대 길이로 잡고, 새롭게 동영상을 업로드해보는 실험을 해보는 건 어떨까요?

Q. 조회수가 높으면 아무래도 추천될 확률도 높아지지 않을까요? 조회수는 추천 알고리즘에서 어떤 역할 또는 어느 정도의 위치에 있을까요?

A. 유튜브의 동영상 추천 알고리즘에서도 조회수는 매우 중요한 위치를 차지합니다. 그러나 유튜브에서 조회수보다 중요한 것은 동영상이 업로드된 시간입니다. 새롭게 업로드된 동영상은 이전에 업로드된 조회수가 높은 동영상보다 상단에 노출됩니다. 구독하는 유튜브 채널이 있다면 아마 한 번쯤 경험해봤을 겁니다. 이렇게 되는 이유는 의외로 간단합니다. 조회수가 높은 동영상은 그만큼 공감을 사긴 쉽지만, 그만큼 동영상을 처음보는 사람이 적어진다는 겁니다. 콘텐츠를 소비하는 시청자들은 새로운 콘텐츠를 기다리므로 새롭게 업로드된 동영상이 기존에 업로드되어 있던 높은 조회수의 동영상보다 우선순위가 높습니다. 만약 새롭게 업로드된 동영상을 이미 시청했다면, 이전에 업로드된 동영상 중에서 조회수가 높고, 아직 시청한 이력이 없는 동영상이 추천될 겁니다. 이렇듯 조회수는 업로드 시간에 비해서는 중요도가 낮지만 시간이 제외된 조건에서는 상당히 큰 영향력을 끼칩니다.

Q. 유튜브에서 사용되는 여러 추천 알고리즘을 소개하셨는데요. 자신의 동영상이 관심을 가질 만한 사용자에게 가능한 많이 선택되게 하려면 어떻게 해야 할까요?

A. 제목과 설명, 그리고 업로드하는 동영상과 가장 관련이 높은 해시태그를 설정하는 게 좋습니다. 뿐만 아니라 동영상을 업로드하는 시간과 동영상의 길이 등도 중요한 요소입니다. 모든 동영상 콘텐츠가 같은 방법으로 선택되진 않습니다. 예를 들어 다큐멘터리는 사실적일수록 선택받는 경우가 많아지지만, 드라마나 영화는 그렇지 않을 수도 있습니다. 따라서 동영상을 업로드하고, 유튜브 스튜디오에서 제공하는 데이터 분석 툴을 통해 여러 가지 실험을 해보는 게 좋습니다. 예를 들어 1시간짜리 동영상을 업로

드했는데 사람들이 15분 내외에서 이탈했다면, 동영상을 15분 내외로 분할하여 업로드하는 게 좋습니다. 내 채널의 동영상을 시청하는 사람들이 저녁 시간대에 가장 많이 시청을 했다면, 저녁 시간대에 동영상을 업로드해보는 것도 좋은 방법입니다. 이렇게 데이터를 기반으로 다양한 실험을 하다 보면, 최적의 시간과 콘텐츠, 제목과 해시태그 등을 발견할 수 있습니다. 이 답변을 빌어, 모든 유튜버의 건승을 빕니다.

12장
페이스북의 뉴스피드와 랭킹 알고리즘

앞서 넷플릭스의 추천 시스템과 유튜브의 추천 알고리즘을 살펴보았습니다. 넷플릭스는 영상 제작자로부터 생산된 콘텐츠를 사용자에게 추천하는 단방향 서비스입니다. 반면에 유튜브는 콘텐츠의 생산자와 콘텐츠의 소비자가 함께 이용하는 양방향 플랫폼 서비스입니다. 두 서비스 모두 사용자를 더 오래 머무르도록 유도해야 서비스의 가치를 인정받을 수 있습니다. 그러나 서비스의 성격이 다른 만큼, 사용자를 더 오래 머무르도록 유도하기 위해 사용하는 추천 시스템에는 차이가 있습니다. 이전 장에서 살펴본 유튜브는 사용자의 시청기록, [좋아요] 등의 데이터를 분석해 사용자에게 노출할 동영상 후보군을 만듭니다. 이 후보군 내에서 순서를 결정하여 사용자에게 제공합니다. 그리고 후보군에 포함된 동영상은 노출된 동영상보다 많기 때문에, 화면에 노출된 채 일정 시간 동안 사용자에게 선택받지 못한 동영상은 노출될 순서가 나중으로 미뤄집니다.

이 장에서는 페이스북의 뉴스피드에 적용된 추천 시스템, 랭킹 알고리즘을 살펴봅니다. 이전 장에서 설명한 유튜브의 랭킹과 그 역할은 비슷합니다. 그러나 페이스북은 콘텐츠의 순서를 편집하기 위해 어마어마한 양의 사용자 데이터를 이용합니다. 사용되는 데이터를 분류하면, 앞서 설명한 데이터와 큰 차이는 없습니다. 다른 추천 시스템에서 사용하는 것과 마찬가지로, 페이스북도 사용자의 선호도와 콘텐츠의 가중치 그리고 시간에 따른 콘텐츠의 중요도를 사용합니다. 그러나 페이스북 서비스의 가장 큰 차이점은, 서비스의 성격입니다. 넷플릭스나 유튜브는 개개인의 사용자에게 콘텐츠를 추천하는 데에 추천 알고리즘을 사용합니다. 그러나 페이스북은 사람의 관계를 생성, 유지, 관리하는 데에 추천 알고리즘을 사용합니다. 페이스북에서 콘텐츠를 전달하는 제품은 뉴스피드라고 불리는 게시물의 집합입니다. 그리고 이 게시물은 사용자의 데이터를 기반으로 순서가 매겨지는데, 이때 사용되는 사용자의 데이터에는 사용자 개인의 데이터뿐만 아니라 사용자가 선호하는 다른 사용자의 데이터도 활용합니다.

페이스북을 설명할 때에는 빠질 수 없는 단어가 있습니다. '사회의' 또는 '사회적인'이라는 뜻을 가진 영단어 Social입니다. SNS_{Social Network Service}(영어권에서는 Social Media)는 이름에서 유추할 수 있듯이 사람과 사람이 만나 관계를 형성할 수 있게 해주는 온라인 플랫폼을 말합니다. SNS의 등장으로 친구와 아침 인사를 나누거나 바이어와 점심 약속을 잡는 것처럼 사람 사이의 관계를 이루는 모든 활동이 온라인 세계에서도 가능해졌습니다. 인터넷에 연결할 수 있는 전자기기만 있다면, 언제 어디서든지 시간과 장소에 구애받지 않고 학창 시절 은사님으로부터 조언을 구할 수도 있고, 멋진 사업 아이템을 지인에게 공개할 수도 있습니다. 사람과 사람 사이의 관계를 자주 언급할 예정이기 때문에 이 장에서는 사람 사이의 관계를 '인맥'으로 표현하겠습니다.

인맥과의 소통이 온라인으로 이동하면서, 인맥이 다른 인맥을 소개해주는 경우도 온라인으로 옮겨졌습니다. 사람들이 온라인에서 인맥이 생성되는 상황에 익숙해지면서, 새로운 인맥을 만드는 경우도 늘어났습니다. 오늘날 우리는 한 번도 만나지 못한 온라인의 누군가와 쉽게 의견을 나눌 수 있고, 1촌을 맺거나 친구를 추가하는 등의 관계를 이전보다 쉽게 형성하고 있습니다. 이 모든 게 가능해진 이유는 인맥을 중요하게 생각하는 사람들의 심리적인 요구와 그 요구를 충족하는 SNS가 폭발적으로 성장했기 때문입니다. 이 장에서 다루는 페이스북은 수많은 SNS 제품 중에서도 세계에서 가장 많은 사람이 사용하고 있습니다. 페이스북의 월별 실 사용자 수는 약 27억 명이므로, 세상의 세 명 중 한 명은 페이스북을 사용한다고 해도 과언이 아닙니다. 이렇게 많은 이용자가 있는데도, 페이스북은 어떻게 내가 관심을 가질 콘텐츠를 추천할 수 있을까요? 페이스북의 뉴스피드에 사용되는 랭킹 알고리즘을 살펴보면, 그 해답을 찾을 수 있습니다.

페이스북의 등장

페이스북의 시작은 CEO인 마크 저커버그가 대학생이던 2003년으로 거슬러 올라가야 합니다. 당시의 마크 저커버그는 대학교의 기숙사에 지내는 모든 학생의 얼굴 사진으로 인기투표를 하는,

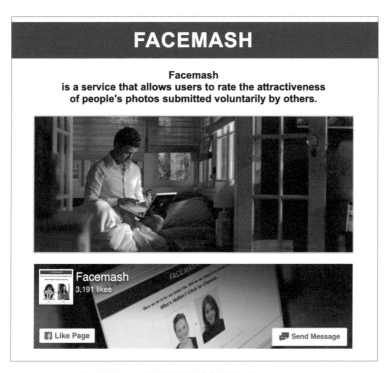

그림 12-1 마크 저커버그의 첫 서비스인 Facemash

'Facemash'라는 일종의 이상형 월드컵 사이트를 만들었습니다. 세상의 모든 사람을 연결한다는 그의 포부와는 달리, 이 서비스는 다른 사람으로부터 항의를 받았습니다. 뿐만 아니라, 폭증한 트래픽으로 인해 교내 인터넷 망에 문제가 생길 것을 우려한 학교 측에서 해당 사이트에 대한 접근 권한을 제약하기도 했습니다.

한편 마크 저커버그는 모든 학생의 얼굴 사진이 담긴 이 데이터베이스를 Facebook이라고 불렀는데, 2004년에 이 이름으로 새로운 서비스를 론칭하였습니다. 이 서비스의 이름이 바로 페이스북입니다. 사용자가 자신의 지인과 소통하는 다른 SNS와 달리, 페이스북은 초창기부터 사람 사이의 연결을 위해 인맥을 확장하는 데에 집중했습니다. 자신의 지인과 친구관계를 형성하면, 지인의 지인이나, 지인이 [좋아요]를 누른 게시물을 노출하여 사용자가 다른 사용자와 보다 쉽게 새로운 관계를 형성하도록 했습니다.

사람 사이의 연결을 중시한 페이스북의 사용자 수는 빠르게 늘었습니다. 페이스북의 사용자 수는 2010년에 5억 명을 돌파하여, 오늘날에는 페이스북의 월간 활성 사용자 수(MAU, Monthly Active Users)가 27억 명에 달합니다. 시간이 지나면서 사용자 한 명이 추가한 친구의 수도 변화했습니다. 2011년에는 사용자의 평균 친구 수가 229명이었지만, 2021년 오늘날에는 사용자의 평균 친구 수가 338명에 달합니다.

페이스북의 뉴스피드와 엣지랭크 알고리즘

페이스북에는 여러 기능이 있습니다. 그중에서 친구나 페이지 등의 게시물을 노출하는 뉴스피드News Feed 기능을 살펴봅니다. 뉴스피드는 페이스북에 로그인하면 가장 먼저 만나는 페이지입니다. 사용자가 추가한 친구나 사용자가 [좋아요]를 누른 페이지의 게시물, 그리고 사용자가 관심을 보이는 상품의 광고가 위에서부터 아래로 이어지는 형태를 띱니다.

초창기의 페이스북은 뉴스피드에 게시물을 노출하기 위해 엣지랭크EdgeRank라는 알고리즘을 적용했습니다. 엣지랭크 알고리즘은 사용자의 선호도, 콘텐츠의 가중치, 그리고 시간이 지나면 값이 작아지는 변수를 이용해 사용자에게 노출될 게시물의 순서를 결정합니다.

$$\sum_{\text{edges } e} u_e w_e d_e$$

u: 사용자 선호도
w: 콘텐츠 가중치
d: 시간 기반 감쇠 매개변수

⬆ 그림 12-2 엣지랭크 방정식

'사용자 선호도(u)'는 명시적 또는 암묵적 피드백을 통해 수집합니다. 뉴스피드에 노출된 게시물에 반응을 보이거나 댓글을 달면 그 게시물을 선호하는 것으로 판단합니다. 등록된 친구의 게시물에 반응을 남기더라도 사용자가 특정 친구의 게시물에 자주 반응을 남긴다면 더 가까운 사이라고 판단합니다. '콘텐츠 가중치(w)'는 작성된 게시물 중 사용자가 반응을 보인 게시물을 분석하여 결정합니다. 사용자가 반응을 보인 게시물에 작성된 글의 길이, 함께 등록된 사진이나 동영상, 첨부된 웹 사이트 링크 등 콘텐츠의 유형에 따라 가중치가 결정됩니다. '시간이 지나면 값이 작아지는 변수(d, 시간 기반 감쇠 매개변수)는 말 그대로 시간의 흐름에 따른 게시물'의 중요성을 나타냅니다. 가장 최신의 게시물이 가장 큰 값을 가지고, 오래된 게시물일수록 적용되는 값이 작아집니다. 이 세 가지의 값을 합하여 게시물마다 점수를 결정하고, 이 점수를 바탕으로 뉴스피드에 노출될 게시물을 결정합니다.

새로운 랭킹 알고리즘

페이스북은 2011년, GPGPU를 이용한 딥 러닝과 머신러닝 기반의 개인 맞춤 추천 시스템을 적용하기 위해 엣지랭크 알고리즘을 중단했습니다. 페이스북은 추천 시스템을 업데이트하기 위하여 2010년부터 추천 시스템을 연구했습니다. 이 시기에 일리노이 대학생 세 명

	Feature vector **x**					Target y	
x^(1)	1 0 0 ...	1 0 0 0 ...	0.3 0.3 0.3 0 ...	13	0 0 0 0 ...	5	y^(1)
x^(2)	1 0 0 ...	0 1 0 0 ...	0.3 0.3 0.3 0 ...	14	1 0 0 0 ...	3	y^(2)
x^(3)	1 0 0 ...	0 0 1 0 ...	0.3 0.3 0.3 0 ...	16	0 1 0 0 ...	1	y^(2)
x^(4)	0 1 0 ...	0 0 1 0 ...	0 0 0.5 0.5 ...	5	0 0 0 0 ...	4	y^(3)
x^(5)	0 1 0 ...	0 0 0 1 ...	0 0 0.5 0.5 ...	8	0 0 1 0 ...	5	y^(4)
x^(6)	0 0 1 ...	1 0 0 0 ...	0.5 0 0.5 0 ...	9	0 0 0 0 ...	1	y^(5)
x^(7)	0 0 1 ...	0 0 1 0 ...	0.5 0 0.5 0 ...	12	1 0 0 0 ...	5	y^(6)
	A B C ... User	TI NH SW ST ... Movie	TI NH SW ST ... Other Movies rated	Time	TI NH SW ST ... Last Movie rated		

⬆ 그림 12-3 유튜브 동영상 추천 알고리즘 모식도[*]

이 협업 필터링과 콘텐츠 기반 추천 시스템을 이용한 하이브리드 추천 시스템의 적용을 제안했는데, (이 제안과의 정확한 상관관계가 확인되진 않았지만) 페이스북이 같은 해에 하이브리드 추천 시스템인 행렬 기계를 도입했습니다. 행렬 기계(Factorization Machines)는 기존의 행렬분해 알고리즘을 적용할 때에 사용자의 취향이나 아이템 그 자체뿐만 아니라, 아이템을 구성하는 메타데이터를 모두 처리할 수 있는 아이디어입니다.

[*] 출처: S. Rendle, Factorization Machines, 2010 IEEE International Conference on Data Mining, 2010, pp. 995-1000

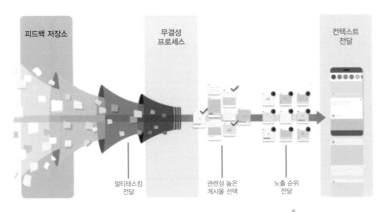

피드백 저장소　　　무결성 프로세스　　　컨텍스트 전달

멀티태스킹 전달　　　관련성 높은 게시물 선택　　　노출 순위 전달

⬆ 그림 12-4 페이스북 뉴스피드 랭킹 알고리즘[*]

행렬 기계는 먼저 협업 필터링에서 아이템 하나가 가지는 메타데이터를 모두 구분하고, 이렇게 구분된 메타데이터와 사용자의 선호도를 기반으로 행렬분해 알고리즘을 적용합니다. 앞서 살펴본 것처럼, 이 시기(2010년대 초)는 GPGPU의 시작과 함께 딥 러닝과 머신러닝이 비약적인 발전을 하는 시기였습니다. 페이스북은 딥 러닝 기반의 협업 필터링과 행렬 기계 알고리즘을 적용한 머신러닝으로 엣지랭크 알고리즘을 대체할 수 있었습니다. 그리고 2019년에는 기존의 추천 시스템에 MLP**Multi-Layer Perceptron**(다중 퍼셉트론) 층을 추가하

[*] 출처: Lada, A., Wang, M., and Yan, T. 2022, May 25. How machine learning powers facebook's news feed ranking algorithm. Engineering at Meta. Retrieved June 23, 2022, from https://engineering.fb.com/2021/01/26/ml-applications/news-feed-ranking/

여 행렬 기계 알고리즘을 보다 단순화한, '개인화 추천 시스템을 위한 딥 러닝 추천 모델(Deep Learning Recommendation Model for Personalization and Recommendation Systems)'을 선보였습니다. 자세한 내용은 다소 어려움이 있을 수 있어 생략하겠습니다. 궁금한 분들은 이 장의 마지막에 제공되는 URI 또는 논문을 열람해보길 권합니다.

　이로써 현재의 페이스북은 더 발전한 추천 시스템을 구축할 수 있게 되었고, 이 추천 시스템의 성능은 비약적으로 발전하여 한 번에 10만 개의 데이터로 뉴스피드에 노출될 게시물의 순서를 결정합니다. 이때 사용되는 데이터는 엣지랭크에서 사용한 세 가지 요소인 사용자의 선호도, 콘텐츠의 가중치, 그리고 시간에 대한 매개변수 외에도 사용자와 자주 소통하는 친구나 페이지의 선호도까지 포함하게 되었습니다. 만약 한 달 동안 페이스북을 사용하는 27억 명이 동시에 뉴스피드를 갱신한다면, 자그마치 270조 개의 데이터를 한 번에 처리해야 합니다. 몇 만 명이 동시에 콘서트 티켓을 예매할 때 심심찮게 서버와 연결이 끊기는 걸 생각한다면, 가끔 페이스북의 뉴스피드 갱신 속도가 느리게 느껴지지만 사실은 굉장히 빠른 속도였던 겁니다.

랭킹 알고리즘 응용하기

　지금까지 페이스북의 뉴스피드 랭킹 알고리즘을 살펴보았습니다. 이 알고리즘에서 중요하게 작용하는 데이터를 파악하면, 페이스북에서 내 게시물을 보다 많은 사람에게 노출하거나 더 많은 반응을 유도할 수 있습니다. 특히 페이스북의 광고 기능을 이용하는 소상공인이라면, 내 제품을 보다 많은 사람에게 알릴 수 있습니다. 페이스북의 뉴스피드에 높은 점수로 랭킹 되는 게시물에는 몇 가지 특징이 있습니다. 사용자가 남긴 반응에 따라, 페이지보다 개인 사용자가, 최신 게시물일수록, 그리고 사용자가 선호하는 특징의 콘텐츠일수록 높은 점수를 받을 수 있습니다.

　먼저, 페이스북의 뉴스피드는 사용자가 반응을 보이거나 댓글을 자주 남기는 친구의 게시물에 가장 높은 점수를 줍니다. 다시 말해, 내 친구들이 내 게시물에 반응을 보일수록 내 게시물은 친구들에게 추천될 가능성이 높아집니다.

　두 번째로 뉴스피드에는 게시물의 작성자가 페이지나 그룹일 때보다 개인일 때 더 높은 점수를 받습니다. 사람과 사람 사이의 관계를 중요시하는 페이스북의 철학이 그대로 녹아있기 때문입니다. 따라서 광고비용 없이 제품을 홍보하고 싶다면, 페이지를 이용할 때보다 내 게시물로 등록하는 게 등록된 친구에게 노출될 가능성이 높다고 해석할 수 있습니다.

세 번째로, 최신 게시물일수록 시간의 흐름에 따라 감점되는 점수가 적어집니다. 내 제품에 관심을 보인 사람들이 페이스북을 사용하는 주 시간대를 알아낸다면, 이 시간대에 게시물을 업로드하여 더 높은 점수를 받을 수 있습니다.

마지막으로, 사용자마다 선호하는 게시물의 특징이 다릅니다. 수많은 사용자에게 가장 적합한, 만병통치약은 존재하지 않습니다. 그러나 다행히 가장 적합한 게시물의 특징은 몇 가지로 압축할 수 있습니다. 글의 길이와 사진이나 동영상의 첨부 여부, 링크의 삽입 등이 이런 게시물의 특징입니다. 따라서 여러 게시물을 업로드하여 다른 사용자의 반응을 살피고, 가장 반응이 좋은 특징을 조합해 나만의 게시물 템플릿을 만들어야 합니다.

페이스북의 뉴스피드는 사용자 개인에게 맞춤 추천을 제공합니다. 그래서 사업을 이제 시작하는 단계에 있는 소상공인이나 스타트업이라면, 추천 알고리즘을 파악하는 것만으로도 광고비 없이 아이템을 홍보할 수 있습니다. 그리고 어느 정도 사업의 규모가 커지면, 페이스북의 광고 시스템을 이용하면 좋습니다. 페이스북의 주요 수입원은 소상공인이나 기업의 광고입니다. 페이스북은 더 많은 소상공인이나 기업이 수익을 올려야만 수익이 증가합니다. 그래서 페이스북은 광고 시스템을 이용하는 사람들이 더 많은 수익을 올리고, 계속해서 페이스북의 광고 시스템을 이용하게 만들어야 합니다. 이것은 페이스북이 개인 맞춤 추천 시스템을 중요하게 생각하는 또 다른 이유입니다.

⬆ 그림 12-5 테슬라의 페이스북 게시물

이 장에서는 사람과 사람 사이의 관계, 인맥을 중요하게 생각하는
페이스북의 뉴스피드 랭킹 알고리즘을 살펴보았습니다. 사용자가 업
로드하는 게시물은 모두 페이스북의 추천 알고리즘을 더 강화하는 머
신러닝의 데이터로 사용됩니다. 그리고 사용자의 반응과 남긴 댓글,

이 댓글의 길이와 반응을 보이지 않은 게시물 등 다양하고 세부적인 데이터가 랭킹 알고리즘에 반영됩니다. 뿐만 아니라 사용자가 자주 반응을 보이는 친구는 보다 친한 친구로 판단하여 친한 친구의 게시물의 랭킹에 가중치를 부여하기도 합니다. 수많은 데이터가 GPGPU와 딥러닝, 그리고 머신러닝을 통해 개인 맞춤 추천 시스템을 고도화합니다. 사용자가 무의식 중에 누른 터치나 클릭, 빠르게 내린 스크롤도 수집되어 데이터로 사용되는 만큼, 어쩌면 머지않은 미래에는 나보다 추천 시스템이 내 취향을 더 정확하게 알고 있을지도 모릅니다.

그러나 이 일을 마냥 두려워할 필요는 전혀 없습니다. 추천 시스템에 대해 알고 있고, 이용할 수 있으면 업무에 활용하여 생산성을 더 높이는 일이 가능합니다. 스타트업을 시작하는 창업자가 벤처 캐피털의 투자 담당자와 페이스북 친구라면, 투자 담당자가 페이스북을 이용하는 시간대에 자신의 아이디어를 게시물로 업로드하여 투자 담당자의 눈에 띄도록 하는 일도 가능할 겁니다. 이 책의 독자분들이 추천 시스템을 알고 적재적소에 활용할 수 있기를 진심으로 바랍니다.

페이스북은 뉴스피드에 적용한 랭킹 알고리즘 외에도 다양한 추천 시스템을 가지고 있습니다. 그리고 위에서 언급한 것처럼, 광고 시스템의 고도화를 위해 엄청난 비용과 시간을 투자했습니다. 추천 시스템의 발전은 사용자가 구매할 가능성이 가장 높은 제품을 추천할 수 있다는 말과 같기 때문입니다. 여러 플랫폼을 거느린 페이스북과 구글

이외에도 아마존, 쿠팡, 네이버, 카카오 등 수많은 기업이 추천 시스템을 적용한 광고 시스템을 제공합니다. 그리고 여기 열거한 모든 기업은 각자 제공하는 서비스 또는 제품에 가장 적합한 추천 시스템을 구축하고 있습니다. 이 기업들의 추천 시스템과 광고 시스템을 살펴보면서 다음 장에서는 개인 최적화 광고 시스템과 추천 시스템의 상관관계에 대해 살펴보겠습니다.

Q. 페이스북은 넷플릭스나 유튜브와는 시스템이 다르지 않나요? 광고는 추천 알고리즘 이 적용될 수 있겠지만, 뉴스피드는 자신이 팔로우한 상대방의 뉴스피드만 볼 수 있는 것이 아닌지요?

A. 페이스북의 뉴스피드는 철저히 페이스북의 통제 하에 있습니다. 다시 말해, 뉴스피드 에는 얼마든지 모르는 사람의 게시물이나 광고가 노출될 수 있다는 걸 뜻합니다. 넷플 릭스와는 완전히 다르지만, 유튜브와는 광고 시스템이 일부 비슷합니다. 사용자가 콘 텐츠를 받아들이기 전에, 광고를 노출하는 형태입니다. 다른 콘텐츠를 추천하는 과정 도 유사합니다. 사용자가 광고를 시청하는 시간을 감수하더라도, 반드시 보고 싶은 콘 텐츠를 추천해야 합니다. 이런 점에서 광고를 게재하는 페이스북과 유튜브는 전략이 유사합니다.

Q. 친구의 뉴스피드가 시간순으로 올라오는 것이 아니라 추천 알고리즘에 의해 선택 적으로 표시해주네요. 아무리 추천 알고리즘이 훌륭하다고 하더라도 사용자가 페 이스북 홈 화면에 표시되는 선택적 뉴스피드에 불만을 가질 수도 있을 것 같은데 요. 이런 부분은 시간이 지나면서 알고리즘을 보정하나요?

A. 네, 맞습니다. 대부분의 IT 제품은, 그 자체로 완제품인 동시에 시제품입니다. 부족한 부분이 있다면 언제든지 업데이트될 수 있습니다. 특히나 페이스북은 추천 알고리즘을 수정하여 뉴스피드에 노출될 콘텐츠를 통제할 수 있으며, 이는 사회적으로 큰 문제를 야기하기도 했습니다. 실제로 2021년에 내부 고발자는 페이스북이 갈등과 차별을 조 장하며 청소년에게 유해함을 감추었다고 폭로하였습니다. 이로 인해 페이스북의 주가 는 40% 이상 하락하며, 사회적으로 큰 파장을 불러일으켰습니다. 그리고 이것은 추천 시스템을 설계하는 사람들과 기업들의 가치관의 중요성을 보여주기도 합니다.

Q. 페이스북은 누구나 저렴한 비용으로도 타깃 광고를 할 수 있는 장점이 있는 것 같습니다. 조금 더 설명해줄 수 있나요?

A. 먼저 타깃 광고의 경우, 개인에게 최적화된 광고를 진행해야 합니다. 이와 관련된 내용은 다음 장에서 보다 상세히 다루므로 간단하게 설명하겠습니다. TV 광고와 같이 대중을 대상으로 하는 광고는 몇 명에게 얼마만큼의 광고 효과가 있었는지 명확히 파악하기가 어렵습니다. TV 광고에서 더 많은 사람에게 광고를 하기 위해서는 시청률이 높은 TV 프로그램의 전후에 광고를 진행해야 합니다. 그리고 이 시간대의 광고비는 굉장히 비쌉니다. 따라서 TV 광고는 이제 막 사업을 시작하는 사업주나 소상공인들에게는 상상도 할 수 없는 광고 방법일 뿐입니다.

그러나 페이스북이나 유튜브, 구글 등에서 제공하는 개인 최적화 광고 시스템은 적은 비용으로도 기업의 제품에 관심이 있는 사람들을 대상으로 광고를 집행합니다. 몇 명이 관심을 보였는지, 몇 명에게 노출이 되었는지, 광고를 통해 결제까지 이뤄진 경우는 몇 건인지 등 자세한 내용을 전부 파악할 수 있습니다. 여기까지만 설명해도, 기존의 대중을 대상으로 한 광고 시스템(TV, 전광판 등)보다 더 큰 파급력을 지녔다는 걸 알 수 있습니다. 이 광고 시스템에 대한 자세한 내용은 다음 장에서 더 설명하겠습니다.

Q. 개인화 추천 시스템을 위한 딥 러닝 추천 모델에 대해 더 알고싶어요!

A. 아쉽게도 필자는 이 내용을 더 쉽게 설명할 수 없습니다. 이 내용이 더 궁금하다면, 다음의 URI와 논문을 참고해보면 좋겠습니다.

- URI: https://ai.facebook.com/blog/dlrm-an-advanced-open-source-deep-learning-recommendation-model/
- 논문: Naumov, Maxim et al. "Deep Learning Recommendation Model for Personalization and Recommendation Systems." ArXiv abs/1906.00091 (2019): n. pag.

13장
개인 최적화 광고와
추천 시스템

이전 장에서 페이스북의 뉴스피드에 적용된 랭킹 알고리즘을 설명했습니다. 페이스북에는 다양한 기능이 있고, 그중에서 뉴스피드에는 사용자와 친구의 관계에 따라 노출되는 게시물의 순서를 결정하는 랭킹 알고리즘이 적용되어 있습니다. 제품을 판매하는 소상공인이 이 랭킹 알고리즘을 이용하면, 광고에 비용을 사용하지 않더라도 어느 정도 광고효과를 낼 수 있습니다. 사용자의 반응이 가장 좋은 게시물을 자주 업로드하고, 친구로 등록된 사람들과 자주 소통할수록 랭킹 알고리즘에서 높은 순위를 점유할 수 있습니다. 페이스북은 사람과 사람의 사회적 관계를 온라인으로 옮긴 SNS의 대표주자입니다. 페이스북의 뉴스피드에 적용된 랭킹 알고리즘은 다른 SNS의 랭킹 알고리즘에도 영향을 미쳤습니다. 페이스북의 랭킹 알고리즘에서 상위에 노출되기 위해 친구와 자주 소통하거나, 반응이 좋은 게시물을 자주 업로드하는 이 행위를 이미지 게시물 기반의 인스타그램이나 짧은 동영상 기반의 틱톡에도 동일하게 적용할 수 있습니다. 그리고 이 방식을 적용하면, SNS 인플루언서가 되는 일도 꿈은 아닙니다. 결코 쉽진 않겠지만 반응이 좋은 적절한 게시물을 꾸준히 업로드하고, 다른 사용자와 꾸준히 소통할 수 있는 끈기가 있으면 충분합니다.

그러나 추천 시스템을 적절하게 이용해 인플루언서가 되는 방법을 아는 것과 효과적으로 제품을 판매하는 것은 조금 다릅니다. SNS는 서비스의 특성상 사용자는 사람과 사람의 관계를 중요시하는데, 이 관계를 이용해 매일같이 제품 판매를 위한 게시물을 업로드한다면 오히려 팔로워가 줄어들 수 있습니다. 실제로 많은 기업이 대부분 SNS 계정을 가지고 있고, SNS에 꾸준히 게시물을 업로드합니다. 그러나 이 게시물은 다른 인플루언서의 게시물에 비해 반응과 댓글이 현저히 적습니다. 이유는 간단합니다. 대부분의 회사는 SNS를 이용하는 사용자와 추천 시스템의 특징을 고려하지 않고 제품을 판매하기 위한 하나의 채널로 SNS를 이용하기 때문입니다. 그래서 최근에는 회사 계정이

🔼 그림 13-1 의인화 마케팅 예시, 하이트진로 공식 인스타그램

아닌 것처럼 위장해 다른 사용자와 관계를 맺거나, 아예 회사 계정을 개인 계정처럼 사용해 제품을 판매합니다. 이런 회사는 추천 시스템과 SNS 사용자의 특성을 잘 이해하고 브랜드 의인화, GIVER 등의 전략으로 브랜드 마케팅을 진행합니다.

브랜드 마케팅을 위해 SNS의 추천 시스템을 분석하고, 적절한 게시물을 찾아 발전시키는 일은 결코 쉽지 않습니다. 하루에도 몇 번씩 게시물을 업로드하고, 상위 랭킹을 유지할 수 있도록 다른 사용자와 자주 소통해야 합니다. 제품이 몇 가지 없거나, SNS 마케터를 둘 정도의 규모가 아니라면, 이런 방식의 브랜드 마케팅은 ROIReturn On Investment(투자 대비 수익률)가 낮습니다. 규모가 작은 기업이나 소상공인이라면, 한 명당 해야 할 일은 많고 시간은 한정적이기 때문입니다.

광고의 디지털 전환

다행히 소상공인이 겪는 이 문제를 해결해주는 제품이 있습니다. 페이스북, 구글, 네이버, 카카오 등 다양한 SNS를 제공하는 회사들은 소상공인이 긴 시간과 노력을 들여 제품을 알리는 대신, 정해진 금액을 지불하면 원하는 결과를 얻을 수 있는 광고 시스템을 제공합니다. 상위에 노출되어 많은 사람이 광고를 보길 원하거나 많은 사람이 광고를 통해 제품 페이지로 유입되길 원하지만, 현실적으로 긴 시간과 노력을 들이기 어렵다면 광고 시스템을 사용하는 게 가장 적합한 선택입니다. 그러나 앞서 언급한 것처럼, SNS 사용자와 추천 시스템의 특성을 고려하지 않고 SNS를 이용하는 기업은 다른 인플루언서에 비해 효과를 보지 못했습니다. 마찬가지로 광고 시스템을 이해하고 사용하지 않으면, 돈은 쓰지만 별다른 효과를 보지 못할 수 있습니다. 반대로 광고 시스템을 잘 이해하고 적절히 사용한다면, 적은 금액으로 더 많은 사람이 제품을 구매하는 방법을 찾아낼 수 있습니다.

몇 해 전까지만 해도, 각종 포털과 SNS가 제공하는 광고 시스템은 신문광고와 비슷했습니다. 신문광고는 노출할 지면과 광고의 크기, 이미지의 유무에 따라 최소 가격이 다릅니다. 그리고 광고를 등록할 수 있는 지면 자체가 한정적이었기 때문에, 경쟁 입찰을 통해 더 비싼 가격을 제시한 광고주에게 지면이 할애되었습니다. 그러나 디지털 시대에 들어서며 종이 신문의 영향력이 낮아지고 포털 사이트와 SNS의 파급력이 커졌습니다. 그리고 포털과 SNS는 신문이 가졌던 광고 시스템을 그대로 흡수하며, 디지털 세계에 적합한 CPM 광고가 탄생했습니다. CPM Cost Per Mile 광고는 노출되는 횟수에 따라 광고비를 과금합니다. 예를 들어 1,000회의 노출이 이뤄지는 경우 1만 원의 광고비가 과금됩니다. 이렇게 사람들에게 보이는 횟수에 따라 광고비가 과금되는 방식이 CPM 광고입니다.

CPM 광고가 오프라인 신문의 광고와 그 형태가 비슷했다면, 온라인이기 때문에 가능한 CPC 광고가 있습니다. CPCCost Per Click 광고는 광고주가 광고를 등록하는 과정에서 특정 사이트로 연결되는 링크를 함께 등록하고, 이 링크가 클릭될 때마다 광고비를 과금합니다. CPC 광고는 1994년, 미국의 통신 기업인 AT&T가 웹 매거진 〈HotWired〉에 게재한 배너광고에 의해 시작되었습니다. 당시 이 광고의 CTRClick-Through Rate(노출 대비 클릭수)가 약 44%에 달했습니다. 광고 배너를 본 두 명 중 한 명이 광고를 클릭했다고 해도 과언이 아닙니다. 요즘 인터넷 배너 광고의 CTR이 0.2% 전후인 점을 고려하면, 엄청난 효과였다고 할 수 있습니다. 처음 이 광고가 계약된 방식은 3개월 간 30,000달러로 오프라인 광고의 계약 방식과 유사했지만, 이후 10여 년간 다양한 포털이 등장하면서 광고의 계약 방식이 클릭 횟수에 따라 과금이 되도록 변화했습니다.

개인 최적화 광고의 등장

2000년대에 들어 CPC 광고는 온라인 광고의 기본이 되었고 각종 포털에서 검색한 결과에 노출되는 키워드 광고와 띠형 이미지가 노출되는 배너 광고로 구분되었습니다. 키워드 광고는 포털이나 SNS에 무언가를 검색할 때 만날 수 있고, 배너 광고는 각종 뉴스 페이지나 온라인 커뮤니티, 네이버 카페 등에서 쉽게 접할 수 있습니다.

2007년, 세상에 아이폰이 등장하고 다양한 서비스가 모바일로 넘어가면서 더 많은 사람이 더 많은 광고를 접하기 시작했습니다. 폭발적으로 늘어난 사용자 수로 인해 신문광고처럼 공간을 할애하는 기존의 광고 방식으로는 광고주를 만족시키는 데에 한계가 있었습니다. 같은 공간이라면 더 많은 비용을 지불한 광고가 게재됩니다. 광고 시스템을 제공하는 포털이나 SNS는 많은 광고가 등록될수록 더 많은 이익을 낼 수 있습니다. 다시 말해, 광고주가 더 많이 몰릴 수 있도록

🔼 그림 13-2 CNN 뉴스도 삽입한 구글 배너 광고, 2021/08/08

노력해야 합니다. 초기에는 더 많은 광고를 노출할 수 있게 하기 위해, 신문처럼 지면을 늘리는 걸로 해결하려 했습니다. 하나의 뉴스 기사에 서로 다른 광고가 10개, 20개씩 등록되도록 한 겁니다. 그러나 광고 가 지나치게 많아지자 사용자는 광고가 없는 뉴스를 선호하게 되었고, 광고 시스템을 제공하는 회사도 광고가 무분별하게 노출되어 사용자 가 떠나지 않도록 광고를 노출하는 지면의 숫자에 제약을 두었습니다.

여전히 광고주는 많고, 광고를 집행할 지면은 적습니다. 그렇다고 경쟁입찰 방식으로 지면을 할애하면 높아지는 광고비에, 광고를 집행 하려는 광고주가 줄어들게 됩니다. 그래서 포털과 SNS는 광고가 효율 적으로 집행되도록 시스템을 구축했습니다. 이 시스템이 바로 개인 최 적화 광고입니다. 기존의 광고 방식은 제품을 구매할 의향이 있는 사 람과 그렇지 않은 사람을 가리지 않고, 모든 사람에게 광고를 노출했 습니다. 만약 집행하는 광고가 CPC 방식이라면, 광고를 클릭하지 않 을 사람에게도 광고를 노출하는 게 됩니다. 그리고 이것은 광고를 수 주하는 포털이나 SNS 회사의 입장에서 손해를 보는 일입니다. 이 광 고를 클릭하지 않을 사람에게는 차라리, 다른 광고를 보여주고 클릭을 유도하는 게 광고비를 조금이라도 더 받을 수 있기 때문입니다.

개인 사용자에게 높은 점수를 주는 페이스북은 비슷한 사용자를 묶어 그룹화합니다. 그리고 이렇게 생성된 그룹을 광고 시스템에 제공 하여 광고 효과를 극대화합니다. 동영상 플랫폼 유튜브는 구글 광고와 함께 사용자에게 구매 의사가 있는 제품을 자주 노출합니다. 유튜브에서 노출되는 동영상 광고는 같은 제품의 구글 광고로 나타나기도 합니다. 추천 시스템의 발전은 개인마다 다른 제품을 홍보하여 마케팅 효과를 높였습니다.

개인 최적화 광고와 추천 시스템

2010년을 전후로 개인 최적화 광고에 대한 연구가 활발히 이뤄졌습니다. 그리고 이 연구에는 추천 시스템이 포함되어 있습니다. 이 추천 시스템은 개인의 행동 데이터를 수집하여 사용자가 클릭할 확률이 높은 이미지나 텍스트, 상품, 콘텐츠 등을 추천합니다. 개인에게 맞춤 추천이 가능하다는 말은 개인에게 맞춤 광고를 할 수 있다는 말과 동일합니다. 특히 개인 최적화 광고는 한 명의 개인이 관심을 보이는 행동 데이터를 기반으로 광고를 집행합니다. 예를 들어 구글에 검색한 상품이 있고 몇 개의 링크를 클릭해서 비슷한 상품을 봤다면, 유튜브 광고에서 어렵지 않게 비슷한 상품을 만날 수 있습니다. 수없이 많은 상품 중에서 개인에게 가장 적합한 상품을 추천하는 것보다, 광고로 등록된 상품 중에서 사용자가 찾고 있는 상품과 유사한 상품을 추천하는 게 연산이 덜 복잡합니다. 검색해야 할 전체 상품의 수 자체가 줄어들기 때문입니다. 앞서 설명한 행렬분해를 떠올리면 이해

가 쉽습니다. 행과 열을 구성하는 상품이 1,000개일 때는 1,000×
1,000=1,000,000번의 연산이 필요하고, 상품이 10개일 때에는 10
×10=100번의 연산이 필요합니다. 당연히 10개의 상품만 비교할
때, 추천 아이템을 결정하는 일이 상대적으로 쉽고 빠릅니다.

　회사의 업무를 위해 회사의 홈페이지를 자주 접속하면, 스마트폰
으로 SNS를 할 때에도 회사의 광고를 접할 수 있습니다. 필자는 이 장
을 집필하는 시점에 코드스테이츠라는 회사에서 블록체인 부트캠프에
서 업무를 하고 있습니다. 블록체인 부트캠프를 새롭게 론칭하려고 준

🔼 그림 13-3 필자의 스마트폰에서 확인한 인스타그램 광고

비 중이었기 때문에 블록체인과 관련된 키워드를 자주 검색하고, 해외 유수 블록체인 부트캠프를 참조하고 있습니다. 퇴근 후 스마트폰으로 인스타그램에 접속했을 때, 어렵지 않게 당사의 블록체인 부트캠프 광고를 접할 수 있었습니다. 참고로 필자가 구글에서 검색할 때에는 PC의 크롬 브라우저를 이용했고, 크롬 브라우저에는 페이스북에 로그인되어 있고, 인스타그램에는 로그인되어 있지 않습니다. 그리고 SNS이나 포털의 광고 시스템은 개인정보(이름, 전화번호 등)를 활용하지 않습니다. 그렇다면 이 광고는 어떻게 스마트폰에서 노출될 수 있었을까요?

페이스북의 광고 시스템에는 광고의 성과를 측정하기 위한 픽셀이라는 코드가 있습니다. 이 픽셀이 설치된 사이트에 방문한 기록이 있다면, 페이스북은 방문 기록을 토대로 PC에 로그인된 아이디의 관심사에 사용자가 방문한 페이지의 상품을 추가합니다. 그리고 페이스북의 광고 시스템은 사용자의 관심사를 바탕으로 광고를 클릭할 확률이 높은 사용자로 파악하여 광고를 노출합니다. 픽셀의 동작 원리를 조금 자세히 살펴보겠습니다.

웹 페이지는 HTML이라는 코드로 이뤄져 있습니다. 정확히는 마크업 언어라고 부르지만, 개발자가 아니라면 코드처럼 보이기 때문에 이 설명에서는 '코드'라고 부르겠습니다. 페이스북의 픽셀은 광고주가 광고하려는 웹 페이지의 HTML에 추가하는 특정한 코드입니다. 그리

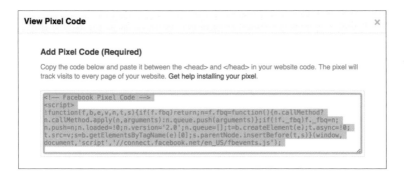

☝ 그림 13-4 페이스북 픽셀 예시

고 이 코드는 페이스북의 이벤트 관리자라는 시스템에서 발행하고, 광고주는 이 코드를 복사해 웹 페이지의 정해진 위치에 붙여 넣습니다. 이 코드는 광고를 클릭해 웹 페이지에 도착한 사용자의 행동 데이터를 수집합니다. 사용자가 광고를 클릭해 제품을 구매하는 전환이 발생하는 등 특정한 이벤트가 발생하면, 픽셀 코드가 이 데이터를 페이스북으로 전송합니다. 예를 들어 앞선 인스타그램 광고를 클릭하면 부트캠프 지원 페이지로 이동합니다([그림 13-3] 참고). 이 페이지에서 부트캠프에 지원하기 버튼을 누르면, 전환이 발생한 것으로 간주하고 페이스북으로 이 데이터를 전송합니다. 페이스북은 광고 성과를 측정할 수 있다는 것을 장점으로 광고주에게 픽셀 코드를 삽입하도록 했고, 이 픽셀 코드를 통해 전송되는 데이터는 사용자의 관심사를 업데이트하는 데에 사용될 수 있습니다.

246

2부_서비스로 살펴보는 추천 알고리즘

전환이 발생하지 않더라도, 웹 페이지에 방문했다는 것도 하나의 이벤트입니다. 사용자가 광고를 통해 웹 페이지에 방문하기 위해서는 링크를 반드시 클릭해야 하기 때문입니다. 사용자가 광고를 접하고, 링크를 클릭한다는 것을 조금 풀어서 이야기하면, 사용자가 관심 있는 게시물을 더 자세히 알아보고 싶다는 말입니다. 링크를 클릭해 웹 페이지에 도달한 사용자의 행동 데이터가 페이스북으로 전송되고, 페이스북은 사용자의 관심사에 이 웹 페이지에 지정된 메타데이터를 추가합니다. 이후에는 어디서 페이스북에 접속하든 관계없이 사용자의 관심사에 알맞은 광고를 노출할 수 있게 됩니다. 이 방식은 페이스북이 타깃 광고를 하는 하나의 방식을 예시로 들었을 뿐입니다. 실제로 타깃을 지정하기 위해서는 SNS에 접속한 위치와 그 주변에서 같은 SNS에 접속한 사람들의 관심사, 등록된 친구의 관심사, 자주 관심을 표하는 친구가 최근에 접속한 웹 페이지, 현재 SNS에 접속한 PC나 스마트폰 등의 기기에 저장된 데이터를 종합적으로 분석해서 타깃을 지정합니다. 복잡한 과정을 통해 세분화된 개인 맞춤 광고가 가능하다는 정도로만 이해해도 충분합니다.

앞서 언급한 것처럼, SNS와 포털의 광고 시스템은 더 많은 사람이 광고를 클릭하도록 시스템을 구축하여 더 많은 광고주가 광고를 집행하도록 해야 합니다. 더 많은 사람이 광고를 클릭하도록 하기 위해서는, 광고를 클릭할 확률이 높은 사람에게 적절한 광고를 노출해야 합니다. 그리고 이 과정에서 이 책에서 설명하는 추천 시스템이 적용됩니다. 이렇게 추천 시스템은 적절한 아이템을 추천하고, 사용자가 미래에 취할 행동을 예측한다는 점에서 예측 시스템으로 불리기도 합니다. 영화의 메타데이터를 기반으로 신작 영화의 관객수를 예측하거나, 내비게이션에서 가장 빠른 경로를 예측하는 것도 모두 추천 시스템으로 볼 수 있습니다. 앞서 설명한 추천 시스템과 내비게이션의 가장 큰 차이점은 시간에 따라 최적의 방법(경로)을 업데이트한다는 점입니다. 시간이 흐르면 사람의 취향은 변할 수 있습니다. 그러나 아침 출근길에도 변할 수 있는 내비게이션의 경로 추천에 비해, 사람의 취향은 변하는 데 상대적으로 시간이 오래 걸립니다. 다음 장에서는 추천 시스템과 시간의 변화와 추천 시스템에 대해 알아보겠습니다.

Q. 구글의 추천 시스템을 볼 때, 대형 회사일수록 추천 시스템을 더 정교하게 구축할 수 있을 것 같은데요. 하지만, 작은 기업도 대기업 못지않는 추천 시스템을 만들 수는 없나요?

A. 머신러닝을 위한 오픈소스 소프트웨어 라이브러리, 텐서플로우(TensorFlow)를 이용할 수 있습니다. 구글 브레인 팀에서 만든 텐서플로우는 다양한 작업에 대해 데이터 흐름 프로그래밍을 위해 만들어졌습니다. 이처럼 공개된 오픈소스를 이용하거나 구글 클라우드나 AWS에서 제공하는 AI를 사용할 수도 있습니다. 데이터 마이닝 후 정제된 데이터를 머신러닝으로 AI에 학습시키고, 이 AI를 이용해 서비스를 고도화할 수 있습니다. 그러나 여전히 대기업에 비해 서비스 데이터 자체가 적을 수 있습니다. 이런 경우, 빅데이터를 구매하여 학습에 사용할 수도 있습니다. 국가에서 제공하는 다양한 지원사업이나 바우처, 또는 사설 거래소 등을 통해 데이터를 구매할 수 있습니다.

Q. 소상공인들이 온라인 마켓에 많이 입점을 하고 있는데요. 이러한 소상공인도 공개된 추천 시스템 등을 활용할 수 있는 방법은 없는지요?

A. 소상공인은 직접 시스템을 구축하기 어렵습니다. 따라서 많은 사람이 사용하고 있는 SNS나 오픈마켓의 광고 시스템을 적절히 사용하는 게 좋습니다. 네이버나 다음카카오, 쿠팡, 이베이 등은 자체적인 광고 시스템을 제공하고 있습니다. 적절한 검색 키워드를 등록하고, 노출이 잘 될 수 있도록 설정해야 합니다. 이 과정에서 수많은 실험이 필요할 겁니다. 이후에는 노출 대비 클릭수를 확인하고, 클릭 후 전환으로 이어질 수 있도록 해야 합니다. 필요하다면 가격이나 상세 페이지를 수정해야 할 수도 있습니다. 이런 모든 과정을 거쳐서 최적의 광고 효과를 누릴 수 있다면, 앞으로는 데이터를 기반으로 하여 더 적절한 판매 방법을 찾을 수 있습니다. 다시 한번, 모든 소상공인의 성공을 기원합니다.

Q. 가끔 웹 서핑을 하다가, 웹 페이지에 느닷없이 광고가 뜨던데요. 이것도 본문에서 언급한 픽셀 코드에 의해서 생성되는 건가요?

A. 광고가 뜨려면 특정 사이트에서 광고를 위한 코드를 삽입해 두었기 때문입니다. 예를 들어 구글에서 검색을 하고, 블로그를 클릭했을 때 광고가 나타날 수 있습니다. 이 경우에는 블로그에서 한 화면을 할애해 광고판으로 사용할 수 있도록 구글이나 페이스북 등에 지면을 판매한 경우입니다. 다시 말해, 블로그 주인이 광고 수익을 공유하는 조건으로 광고 플랫폼에 광고판을 판매하고 있는 것입니다. 그런데 광고를 보는 건 우리인데, 광고를 하는 사람만 수익을 얻는 게 당연한 걸까요? 이런 의문을 문제로 인식하고, 이 문제를 해결한 제품이 있습니다. 브레이브(Brave)라는 브라우저는 기본 설정에서 광고를 모두 차단하고 있습니다. 사용자의 설정에 따라 광고를 볼 수 있으며, 광고를 볼 때마다 BAT라고 하는 토큰을 리워드로 지급합니다.

기존 산업에서 데이터를 만들어내는 주체에게 리워드가 지급되는 것은 있을 수 없는 일이었습니다. 있다면 설문조사에 참여하고 추첨권을 얻거나, 사탕을 받는 정도입니다. 헌혈을 하고 문화상품권을 받는 것도 리워드에 포함될 수 있습니다. 그러나 웹 3.0에서는 이 모든 과정에 의문을 던집니다. 다시 말해, 데이터를 생산하는 사람들은 데이터를 활용해 돈을 번 기업으로부터 이익을 분배받지 못하는 것이 문제라는 겁니다. 블록체인 기술을 기반으로 조성된 새로운 토큰 이코노미에서는 데이터 생산자에게 리워드를 지급합니다. 그리고 기업은 수집한 데이터를 활용해 새로운 가치를 생산해냅니다. 데이터 생산자는 마치 원석을 캐는 광부와 같다고 해서 마이너(miner)라고 부르기도 합니다. 저는 이런 관점이 당연해지는 날이 오는 날을 대비해야 한다고 생각합니다.

14장
시간 변화와
추천 시스템

이전 장에서 추천 시스템이 적용된 디지털 광고 시스템을 살펴보았습니다. 앞서 살펴본 것처럼 우리가 SNS나 뉴스 기사에서 일상적으로 접하는 대부분의 광고는 사용자 맞춤 추천 시스템이 사용되고 있습니다. 추천 시스템의 발전으로 광고 시스템은 구매의사가 있는 사용자에게 광고를 노출하여 광고 효율을 높일 수 있었습니다. 그리고 합리적인 가격과 높은 효율의 광고는 더 많은 광고주를 광고 시스템으로 불러들였습니다. 이렇게, 추천 시스템은 다양한 분야에서 다양한 사람을 기업의 서비스로 모을 수 있습니다. 이 장에서 설명할 지도 서비스를 제공하는 기업도 마찬가지입니다. 실시간으로 교통 상황을 예측하고, 가장 적절한 경로를 추천하는 내비게이션 서비스는 그 자체로도 훌륭한 서비스입니다. 게다가 내비게이션 서비스로 사용자를 모은 다음, 목적지 근처의 식당이나 카페를 추천하는 서비스를 추가로 제공할 수도 있습니다. 만약 이런 서비스가 추가된다면, 식당이나 카페는 광고주로서 이 지도 서비스를 이용할 겁니다. 이 장에서는 경로를 추천하는 내비게이션과 시간의 변화에 따라 추천 경로가 변화하는 내비게이션, 그리고 내비게이션에 접목된 추천 시스템을 살펴봅니다.

내비게이션의 등장

내비게이션은 낯선 목적지로 향하는 자동차 운전자가 길을 헤매지 않도록 경로를 탐색하는 장치입니다. 오늘날의 내비게이션은 추천 시스템과 실시간 교통 정보를 취합해 실시간 경로 추천이 가능하지만, 초기의 내비게이션은 그렇지 못했습니다. 초기의 내비게이션은 디지털 지도 위에 현재의 위치를 좌표로 나타내고, 좌표와 좌표를 이어주는 도로를 이용해 목적지까지의 경로를 안내했습니다.

최초의 내비게이션은 1981년, 일본의 자동차 업체 혼다가 개발한 전기 자이로케이터(Electro Gyrocator)입니다. 초기의 내비게이션인 이 장치는 필름형 지도 위에 경로를 나타내는 방식을 사용합니다.

🔼 그림 14-1 혼다의 전기 자이로케이터(왼쪽)과 이택 내비게이터(오른쪽)

자이로스코프를 이용해 방향을 감지하고, 지도 위에 자동차의 현재 위치와 목적지까지의 경로를 표시합니다. 화면이 제한적이어서 대축척 지도를 사용해야 했고, 작은 화면에 너무 많은 도로가 담길 수밖에 없었습니다. 이런 문제가 있어서, 발전한 형태의 전기 자이로케이터를 이용할 때조차 실제 위치와 자이로케이터에 표기된 위치에 오차가 자주 생겼습니다. 낯선 목적지로 향할 때에는 지도를 항상 들고 다니던 때에 비하면 경로를 표시해준다는 것 자체만으로도 놀라운 일이었지만, 아쉬움이 남습니다.

내비게이션을 이야기하기 위해서는 GPS가 빠질 수 없는데, 사실 GPS가 적용된 내비게이션이 완전히 상용화된 것은 최초의 내비게이션이 생긴 이후로 약 20년 뒤의 일입니다. 1984년 이전까지 GPS는 군사용 목적으로 사용되었고, 1984년에 미국이 0047PS를 조건부로 민간에 개방하기 시작하면서 내비게이션에 GPS가 접목되었습니다. 이후 1985년, 미국 자동차 용품 회사인 이택Etak이 CPU를 기반으로 한 전자식 내비게이션을 세상에 선보이며 내비게이션 시장에 뛰어들었고, 시간이 지남에 따라 점점 더 많은 기업이 내비게이션 개발에 뛰어들었습니다. 점점 발전한 내비게이션에는 GPS가 기본으로 탑재되었고, 디지털 지도를 바탕으로 소축척 지도에서 훨씬 더 상세한 경로를 확인할 수 있게 되었습니다.

내비게이션과 추천 시스템

오늘날의 내비게이션은 내비게이션 전용 단말기를 벗어나, 스마트폰의 애플리케이션으로 이동하였습니다. 구글, 애플과 같은 모바일 운영체제 강자부터 네이버, 카카오 등 서비스 사업자와 SK 등 인터넷 사업자까지, 지도 서비스와 내비게이션 서비스 시장에 뛰어들어 다양한 사업을 하고 있습니다. 특히 카카오의 자회사인 카카오모빌리티는 카카오T를 통해 택시 사업자, 그리고 대리기사와 손잡고 도심 곳곳의 사용자 데이터를 수집하고 있습니다. 카카오모빌리티는 수집한 데이

⬆ 그림 14-2 네이버 지도가 제공하는 미식 데이터 서비스, 맛집여지도

터를 바탕으로 더 다양한 사업을 구상할 수 있게 되었습니다. 이처럼 지도 서비스와 내비게이션 서비스를 선점함으로써, 지역과 좌표 데이터, 인기 있는 검색 장소를 파악할 수 있게 됩니다. 흔히 말하는 골목상권을 빠르게 파악하고, 다른 기업에 골목상권 정보를 판매할 수도 있습니다.

다시 내비게이션으로 돌아가겠습니다. 아마 자동차 운전자라면, "경로를 재탐색합니다"라는 안내말을 들어본 적이 있을 겁니다. 2000년대부터 본격적으로 대중화된 내비게이션은 실시간 교통 정보를 제공하며 더욱 발전했습니다. 내비게이션의 경로 탐색 기능은 라디오 회사 등 교통 정보 제공 사업자가 실시간으로 제공하는 교통 정보를 경로 탐색에 반영하였습니다. 이 기능은 자동차 운전자가 앞으로 나아갈 경로에 대하여, 일정 시간을 두고 최적의 경로를 재탐색합니다. 아직 미래의 교통 상황을 예측하여 경로를 추천하는 정도는 아니지만, 적어도 '지금 막히는 길'을 피해 갈 수 있게 되었습니다. 초기의 내비게이션이 지도에 현재 위치를 표시하고 목적지까지의 경로를 보여주는 것이 목적이었다면, 현대의 내비게이션은 목적지까지 도달하는 최적의 경로를 제공하는 것이 목적입니다. 그리고 최근에는 이 목적이 미래 상황을 예측한 최적의 경로로 옮겨가면서, 다시 내비게이션이 발전하고 있습니다. 비록 내비게이션에 추천 시스템이 적용되기 시작한 것은 얼마 지나지 않았지만, 내비게이션과 추천 시스템을 결합하는 시도는 지금 이 순간에도 빠른 속도로 개선되고 있습니다.

2부_서비스로 살펴보는 추천 알고리즘

시간의 변화에 따른 교통량 예측 시스템

뿐만 아니라 2019년, UNIST의 고성안 교수팀은 인공지능 기술을 이용해 교통정체의 원인을 파악하고, 특정 도로의 가까운 미래 상황을 예측하는 시도를 했습니다.

이 기술은 현재 원활한 교통량의 도로가 5분 뒤에는 막힐 것이라는 결론을 내고, 이를 시각화합니다. 이 기술과 내비게이션을 접목한다고 상상해보겠습니다. 자동차 운전자가 목적지까지 가는 경로에는 도로 A와 도로 B가 있습니다. 거리만 따지면 도로 A를 이용하는 것이 목적지에 빠르게 도착할 수 있고, 도로 B는 상대적으로 한산한 산길입니다. 도로 A는 안 막힐 때 5분이면 지나갈 수 있고, 막히기 시작하면 20분이 걸립니다. 반면에 도로 B는 막히는 일이 거의 없지만, 대신에 10분이 소요된다고 하겠습니다. 그리고 지금 이 자동차의 운전자는 화장실이 매우 급한 상태입니다. 만약 5분 뒤에 도로 A가 막히는 걸 예측할 수 있고, 5분을 전후로 도로 A와 도로 B의 갈림길에 도착한다면 어떤 도로로 목적지에 도달하는 게 좋을까요? 만약 내비게이션에 이 기술이 접목되었고, 5분 뒤에 도로 A가 막힐 것을 예측했다면, 운전자는 고민 없이 도로 B를 선택할 수 있을 겁니다. 실제 연구에서는 15분 뒤의 교통 체증을 예측하고 있습니다. 자동차가 가속하거나 감속하는 등의 데이터를 분석하여, 감속하는 차량이 많은 구간은 가까운 미래에 교통 체증이 발생할 확률이 높다는 평가를 내립니다.

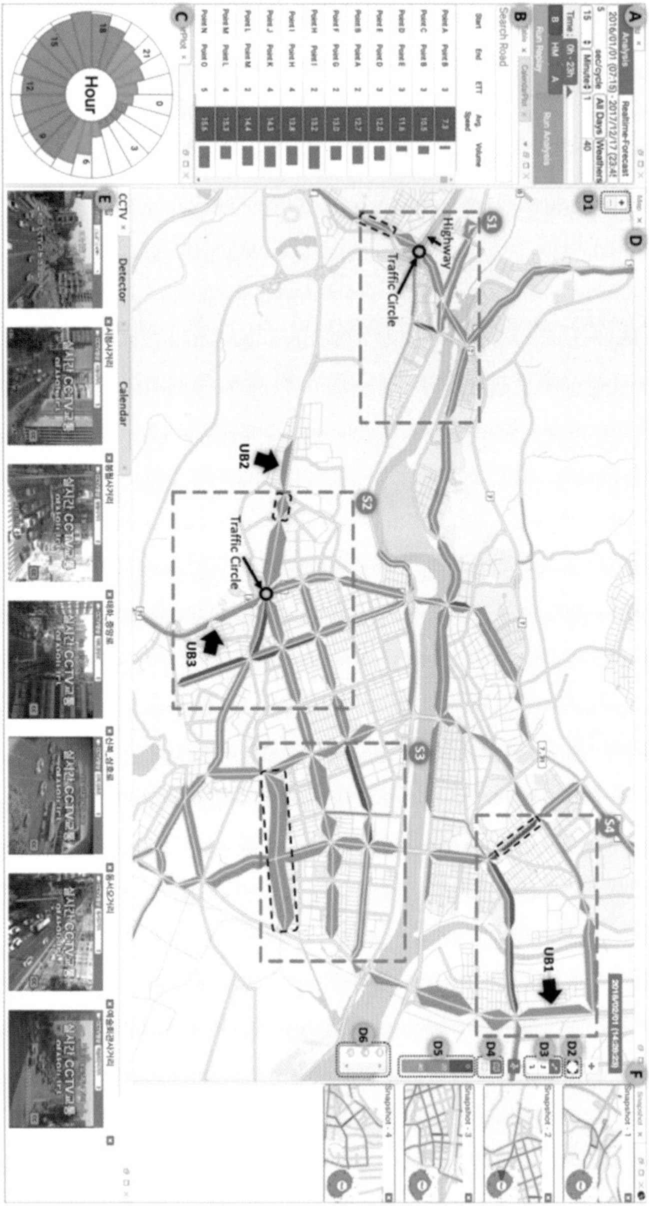

■ 그림 14-3 UNIST 고성안 교수팀이 발표한 도로의 가까운 미래 상황을 예측해 시각화하는 시스템 (출처: 세미나 투데이)

2부_서비스로 살펴보는 추천 알고리즘

앞서 이야기한 것처럼, 미래를 예측하는 시스템은 사용자가 선택할 확률이 가장 높은 선택지를 추천하는 시스템과 동일합니다. 사용자의 취향에 알맞은 영화를 추천하는 넷플릭스는 가장 높은 확률로 사용자가 다음에 볼 콘텐츠를 추천합니다. 다시 말해, 넷플릭스는 사용자가 다음에 볼 콘텐츠를 예측하는 시스템을 구축하고 있습니다. 마찬가지로 5분 뒤에 도로 A가 막힐 것을 예측한다는 것은, 자동차 운전자에게 5분 뒤에 선택해야 할 경로를 추천하는 것과 같습니다. 추천 시스템은 딥 러닝과 머신러닝을 적용하며 비약적인 발전을 이뤄냈습니다. 다시 말해, 딥 러닝과 머신러닝의 발전으로 사용자가 미래에 취할 행동을 예측하는 일이 가능해졌습니다. 데이터만 충분하다면, 미래에 막힐 도로와 그렇지 않은 도로를 예측하는 일이 가능한 것처럼 말입니다.

그러나 사용자가 다음에 시청할 콘텐츠를 추천하는 일과 도로의 상황을 예측하는 일에는 '시간'이라는 큰 차이가 있습니다. 넷플릭스가 콘텐츠를 추천하는 일이나 아마존이 상품을 추천하는 일과는 달리, 최적의 경로를 추천하는 일은 매우 빠른 응답이 필요합니다. 넷플릭스나 아마존은 사용자의 과거 데이터를 기반으로 추천할 콘텐츠나 아이템을 선정하는 데 반해, 교통 체증이 일어나지 않는 도로를 추천하는 일은 현재 도로를 주행 중인 교통 데이터를 실시간으로 분석해서 적용해야 하기 때문입니다. 이런 차이가 생기는 이유는 연산 속도와 관계가 있습니다. 수집한 데이터를 가공해 콘텐츠나 아이템을 추천하는 일은 사용자와 다른 사용자, 사용자가 본 아이템이나 다른 사용자가 본 아이템 등 수많은 과거 데이터를 조합하고 분석하고 AI에게 학습시키는 일련의 과정이 필요합니다. 따라서 수많은 사람이 사용하는 서비스에서는 필연적으로 연산 속도가 느릴 수밖에 없습니다. 그리고 실시간으로 데이터 분석 결과를 제공하기에는 많은 비용이 발생하기 때문에, 대부분 오프라인 상태에서 이 데이터를 분석합니다. 그러나 교통 체증예측 시스템은 실시간으로 수많은 데이터를 수집하고, 그 결과를 다시 사용자 개개인에게 전달해야 합니다. 다행히 이 과정은 사용자 개인의 과거 데이터를 기반으로 하는 것이 아니라, 현재 도로에서 주행 중인 자동차의 데이터를 수집하고 분석한 다음, 다시 수집에 응한 자동차로 결과를 전달합니다. 이렇게 실시간으로 적용되어야 하는 예측 시스템은 수집하는 데이터의 종류나 연산에 필요한 계산식을 단순화하여야 합니다.

시간에 따른 취향의 변화를 고려한 추천 시스템

실시간 서비스 외에도 오늘날에는 오프라인 상태에서 데이터를 분석하는 방식에서도 시간의 개념을 고려하기 시작했습니다. 실시간으로 데이터를 분석하는 것과는 조금은 다른 이야기지만, 시간의 흐름에 따라 사용자의 취향이 변화할 수 있다는 겁니다. 예를 들어보겠습니다. 혼자 사는 20대 사용자 A는 5년간 아침 식사로 꾸준히 시리얼과 락토프리 우유를 쿠팡에서 구매해 먹었습니다. 쿠팡은 늘 그렇듯이 사용자에게 여러 시리얼과 락토프리 우유를 아침 식사로 추천합니다. 그러다 이 사용자가 20대 후반에 결혼을 하였고, 30대 초반에 아이가 생겼습니다. 이 사용자는 이제 쿠팡에서 시리얼보다 분유를 더 많이 구매합니다. 쿠팡은 이 사용자에게 분유와 락토프리 우유 중 어느 것을 추천해야 할까요? 적어도 사용자가 원하는 정답은 분유일 겁니다. 그러나 과거 데이터를 바탕으로 사용자에게 아이템을 추천하는 시스템은 여전히 락토프리 우유를 추천합니다. 시간이 흘러 사용자의 구매성향이 변화했음에도, 5년 동안 쌓인 데이터 때문에 락토프리 우유를 추천할 수밖에 없습니다.

이렇게 시간의 변화나 사용자의 취향에 변화할 수 있다는 관점에서 추천 시스템을 살펴보면, 언뜻 사용자에게 적합하지 않은 아이템을 추천할 수 있다고 생각됩니다. 그러나 추천 시스템과 예측 시스템이 같다는 걸 이해한다면, 예측이 실패할 수 있듯이 추천도 실패할 수 있다는 걸 받아들일 수 있습니다. 기업 입장에서는 그렇다고 마냥 수긍할 순 없습니다. 더 많은 사용자가 서비스를 이용하도록 하려면, 추천 시스템이 시간의 변화나 사용자의 취향 변화조차 반영할 수 있어야 합니다. 수많은 연구진과 기업이 이 문제를 해결하기 위해 노력하고 있습니다. 그 노력의 예시는, 처음에는 기본 데이터로 추천 아이템을 선정하고 시간이 흐르며 사용자가 행동한 데이터를 분석해 피드백으로 적용하는 2단계 클러스터링 기법이나, 일정 기간 동안의 데이터만을 사용해 추천 시스템을 제공하는 무빙 윈도우 등이 있습니다. 그 밖에도 온라인 쇼핑몰의 할인 행사 때문에 구매한 이력을 배제하는 방법, 현재 시간과 동영상 업로드 시간 사이에 상관관계를 만드는 유튜브 알고리즘 등이 대표적인 예입니다.

이렇게 시간의 흐름에 따라 소비 성향이 변화하는 현상을 '콘셉트 이동(Concept Drifting)'이라고 합니다. 한 겨울에는 에어컨이 거의 판매되지 않거나, 반대로 한 여름에는 난방기구가 거의 판매되지 않는 것처럼 계절에 따라 판매되는 상품이 다른 현상입니다. 콘셉트 이동은 꼭 계절에 영향을 많이 받는 상품이 아니더라도, 앞서 살펴본 것처럼 시간이 흘러 과거에는 선호했지만 지금은 아닌 사용자의 취향도 해당됩니다. 시간의 역동성에서 생길 수 있는 문제점을 해결하기 위해, 사용자의 데이터를 장기적 선호와 단기적 선호로 구분하는 방법도 있습니다. 구분된 두 가지 신호를 조합하여 실시간으로 사용자의 선호를 반영한 추천 시스템을 사용할 수 있습니다. 또, 아이템과 사용자, 그리고 가장 구매가 활발한 시즌을 묶어 하나의 데이터로 사용하는 방법도 사용할 수 있습니다.

시간의 역동성에 따른 콘셉트 이동 문제는 명확한 해결책이 나와 있지 않습니다. 사용자가 전자레인지 구매를 위해 한 달 동안 전자레인지를 살펴보다가, 에어프라이어를 구매할 수도 있기 때문입니다. 추천 시스템은 아주 빠르게 발전했지만, 여전히 더 많은 고민이 필요한 분야입니다. 이제 우리는 추천 시스템이 없는 우리의 일상을 상상하기 어렵습니다. 빠르게 변화하는 시대와 시대를 선도하는 콘셉트 중 하나인 추천 시스템을 이해하면, 서비스를 보다 더 효율적으로 사용할 수 있을 겁니다. 넷플릭스를 이용하면서 선호하지 않는 콘텐츠를 선택하지도 않았다면, 일부러 해당 콘텐츠에 [별로예요] 버튼을 눌러 비슷한 다른 콘텐츠도 추천되지 않도록 할 수 있습니다. 앞서 살펴본 것처럼 추천 시스템을 이해한 채 SNS로 제품을 판매한다면, 광고비를 사용하지 않고도 광고 효과를 누릴 수도 있습니다.

우리가 살아가는 21세기는 점점 공통의 사건이 사라지는 시대가 되어가고 있습니다. 전 국민이 하나의 방송을 보고 대화의 주제로 삼던 시대를 뒤로하고, 개개인마다 전혀 다른 콘텐츠를 소비하는 시대를 맞이해야 합니다. 이 책을 통해 독자 여러분이 추천 시스템을 이해하고 서비스를 사용하여, 새롭게 다가오는 미래에서도 효율적이고 이로운 선택을 이어나갈 수 있길 바랍니다.

Q. 내비게이션 추천 시스템은 시간이라는 변수가 들어간다는 흥미로운 사실을 알게 되었는데요. 과거의 데이터를 분석하는 추천 시스템과 실시간 추천 시스템은 기술적으로 어떤 차이가 있을까요?

A. 데이터는 그 자체로써 이미 과거에 일어난 일이라는 의미를 내포하고 있습니다. 실시간 추천 시스템도 엄밀히 말하면 조금 전에 발생한 데이터라는, 과거에 대한 데이터인 겁니다. 다만 실시간 추천 시스템은 현재 시간으로부터 N시간(정해진 시간) 전까지의 데이터만 사용하는 기술입니다. 그 이전에 발생한 데이터는 영향이 없거나 극히 드문 겁니다. 추천 시스템은 아니지만, 실시간에 대한 쉬운 이해를 위해 화재경보기를 예로 생각해보겠습니다. 화재가 발생한 직후, 그 연기를 감지하면 화재경보가 울립니다. 그리고 연기가 사라져서 더 이상 연기를 감지할 수 없으면, 화재경보는 자동으로 종료됩니다. 과거에는 연기가 발생했더라도, 지금 연기를 감지할 수 없기 때문에 경보가 울리는 상태로 유지할 수 없는 겁니다. 마찬가지로 실시간 추천 시스템은 현재와 가장 가까운 시간 대에 일어난 데이터만으로 아이템을 추천합니다. 정해진 시간 이전에 발생한 데이터는 현재 추천에 반영하지 않는 등 시간에 따라 사용할 데이터를 분리해야 합니다.

Q. 추천 시스템을 이해하면 서비스를 더욱 효율적으로 이용할 수 있다고 하였는데요. 좋아하지도 않은데 일부로 [좋아요]를 누른다든지 하는 행위가 추천 시스템을 회피하기 위한 행동 같은데, 이런 부분이 서비스를 효율적으로 이용할 수 있다고 볼 수 있나요?

A. 경우에 따라 다릅니다. 좋아하지 않는 콘텐츠인데 고의로 [좋아요]를 누르는 행위는, 추천 시스템에는 잘못된 데이터를 전달하는 것과 같습니다. 쉽게 말해 오염된 데이터를 추천 시스템에 전달하게 되는 겁니다. 그러나 다른 사람의 눈에 보이는 것을 신경 쓰는 사람이라면, 고의로 특정 콘텐츠에 [좋아요]를 누를 수도 있을 겁니다. 그러나 이런 행위는 추천 시스템을 효율적으로 사용한다는 말과는 다소 거리가 있습니다. 추천 시스템을 효율적으로 사용한다는 말은, 시스템으로 하여금 내가 다음에 선택할 아이템을 예측하도록 하는 행위입니다. 추천 시스템은 사용자가 다음에 할 선택에 도움이 되기 위해 사용하는 시스템인만큼, 정직하게 서비스를 이용하는 편이 훨씬 더 편리하게 서비스를 이용하는 방법일 겁니다.

에필로그

"우리가 살아가는 일상생활에서도 충분히
활용할 여지가 많은 추천 시스템의 이해"

독자 여러분은 이 책을 읽으면서 추천 시스템에 대한 이해도가 충분히 높아졌을 겁니다. 이 책의 전반부에서는 추천 시스템을 이루는 기본적인 원리를 다루었고, 중반부에는 기술이 발전하게 된 계기를, 그리고 후반부에서는 기업들이 실제 서비스에서 적용하고 있는 추천 시스템을 살펴보았습니다.

만약, 이 책을 읽은 독자분이 SNS를 이용해 더 강력한 전파력을 갖기 원한다면, 12장에서 설명한 페이스북의 뉴스피드 추천 알고리즘을 다시 한번 읽어보길 권합니다. 대부분의 SNS에서는 특정 게시물에 대하여 다른 사람과의 관계와 반응, 상호작용 그리고 적절한 시간을 바탕으로 우선순위를 높게 책정합니다. 12장에서 설명된 내용을 통해 인스타그램이나 틱톡, 유튜브 등에서도 응용할 수 있을 겁니다. 만약 이 책에서 설명한 기본 원리를 이해하고 적용하여 인플루언서가 되신 분이 있다면, 한 번쯤 이 책을 언급해주시리라 믿어 의심치 않습니다.

또는 이 책을 읽은 독자분이 추천 시스템을 사용하는 회사에 입사하는 분이라면, 회사의 서비스를 이해하는 데에 분명 도움이 될 겁니다. 추천 시스템처럼 보이지 않는, 검색을 해야 하는 서비스도 마찬가지입니다. 검색을 주력으로 사용하는 서비스는, 보이지 않는 곳에서 추천 시스템을 적절히 사용해야 합니다. 만약, 사용하지 않고 있다면, 추천 시스템을 적용해 발생할 수 있는 이익을 제안해도 좋습니다. 이 책의 독자분들이 제안할 멋진 서비스가 벌써부터 기대됩니다.

만약, 이 책을 읽은 독자분이 추천 시스템에 관심이 많은 엔지니어라면, 이 책의 끝이 많이 아쉬울 겁니다. 이 책에서는 직접 구현해 볼 예제나 코드와 그에 대한 설명이 전혀 없기 때문입니다. 그러나 적어도 이 책을 통해 독자분이 어떤 분야를 더 학습하면 좋을지, 어떤 원리를 적용한 알고리즘을 서비스에 사용해야 할지 감을 잡는 데에 도움이 되었을 겁니다. 예제를 원하는 엔지니어라면, 인터넷을 통해 어렵지 않게 예제를 구할 수 있을 겁니다. 엔지니어 독자분들이 만들어 낼 멋진 추천 시스템을 기다리겠습니다.

물론 그저 궁금해서 이 책을 읽은 독자분도 있을 겁니다. 감사합니다. 최대한 쉽게 풀어내려 노력했음에도 어려움이 많았습니다. 그러나 여기까지 도달한 독자 여러분의 끈기와 열정에 박수를 보냅니다. 추천 시스템에 대한 이해는, 우리가 살아가는 일상생활에서도 충분히 활용할 여지가 있습니다. 필터 버블에 빠지지 않기 위해 여러 장르의 콘텐츠를 골고루 사용할 수도 있고, 광고를 그만 보고 싶어서 디바이스의 캐시를 삭제할 수도 있습니다. 이 책에서 얻게 된 지식이 여러분의 삶을 조금이나마 윤택하게 만들길 바랍니다.

마지막으로, 이 책을 집필하는 시점과 이 책을 읽는 여러분의 시간에는 차이가 존재합니다. 그리고 여러분은 그 차이만큼 책에서 설명한 것보다 더 발전한 추천 시스템을 경험하고 있을 겁니다. 이 책을 작성하는 시점에서는 조금 부족하지만 착한 친구인 AI였지만, 아마 이 책을 읽는 시점에서는 아주 똑똑하고 원하는 걸 먼저 제안해주는 AI를 곁에 두고 있을 수도 있습니다. 발전한 AI든, 머물러 있는 추천 시스템이든, 이 책을 읽은 모든 독자분들이 추천 시스템을 활용해서, 원하는 바를 이루는 데에 조금이나마 도움이 되었으면 좋겠습니다.

감사합니다.

찾아보기

찾아보기

찾아보기